Klaus Berger
Psalmen aus Qumran

Klaus Berger

Psalmen aus Qumran

Quell

Fotonachweis:
Peter Söllner: Tafeln 4, 8, 9, 16
Ewald Stark: Tafeln 11, 13, 14, 15, 18
Jörg Zink: Tafeln 1, 2, 3, 5, 6, 7, 10, 12, 17, 19, 20

ISBN 3-7918-1941-0

© Quell Verlag, Stuttgart 1994
Printed in Germany · Alle Rechte vorbehalten
1. Auflage 1994
Umschlaggestaltung: Klaus Dempel
Umschlagfoto: Jörg Zink, Blick in das Innere einer Qumran-Höhle
Gesamtherstellung: Maisch & Queck, Gerlingen

Inhalt

7   Zur Einführung

11   Verherrlicht Gott mit kräftiger Stimme
Psalm 151, 154 und 155

17   Der Herr sei dir gnädig
Segenssprüche

23   Durch meinen Mund vertreibt er alle Geister
Exorzismen

27   Ich will rühmen deinen Namen
Loblieder

81   Du aber erlöse uns
Bittgebete

91   Meine Rettung liegt bei dir
Vertrauenslieder

113   Ängste greifen nach mir
Gebete in Not und Bedrängnis

129   An verborgenen Quellen sind Lebensbäume versteckt
Danklieder

139 Wehen erschüttern mich
Klagelieder – Erfahrungen von Frauen

143 Wir feiern deinen Namen alle Zeit
Lob- und Segenstexte zu bestimmten Zeiten

147 Sabbatliturgie

162 Anmerkungen

164 Hinweise zu Textausgaben

Zur Einführung

Die über die geheimnisvollen Textrollen von Qumran geführte Diskussion hat Verunsicherung und Neugier bewirkt. Vor allem ist die Frage aufgekommen: Wie nahe standen die Leute von Qumran den frühen Christen wirklich? Dazu haben kompetente Kollegen Stellung genommen, und ich habe aus meiner Sicht in dem Buch »Qumran und Jesus. Wahrheit unter Verschluß?« (6. Aufl. 1994) dazu beitragen wollen. Die eigentlich wichtigen Dinge liegen jedoch tiefer unter der Oberfläche, als es die wissenschaftlich miserablen Bestseller im Gefolge Robert Eisenmans ahnen lassen. Um diese Dinge geht es hier.

Die Bedeutung der Psalmen und Hymnen aus Qumran

Das Judentum seit etwa 200 v. Chr. und in der Zeit Jesu ist mit großer und intensiver Frömmigkeit gesegnet. Sie wird durch die zahlreichen Gebete und Hymnen bezeugt, die in dieser Zeit entstanden sind. Ohne die große geistliche Fruchtbarkeit des Judentums dieser Zeit ist das frühe Christentum nicht zu verstehen.

Die Funde aus den Höhlen von Qumran haben unsere Kenntnisse des Judentums um die Zeit Jesu und vor allem kurz davor auf ungeahnte Weise bereichert, denn jetzt besitzen wir eine Reihe unverfälschter Originalzeugnisse, die vorher unbekannt waren. Das gilt in besonderem Maße für den reichen Schatz der Psalmen, Hymnen und Gebete. Denn weil die Höhlen von Qumran mit den rund 800 Rollen und Rollenteilen einen Querschnitt durch das damalige Judentum bieten und nicht nur von einer »Sekte« zeugen, gilt generell: Die jüdische Frömmigkeit dieser Zeit ist der Mutterboden des

Christentums, auf dem dieses wachsen konnte. Denn auch Jesus und die frühen Gemeinden verstehen sich in allererster Linie als Beter und lobsingende Gemeinde.

Das sichtbarste Erbe aus der Frömmigkeit der Qumrantexte, das noch in jedem Abendmahlsgottesdienst lebendig ist, besteht in der Auffassung, daß die Gemeinde in der Gemeinschaft mit den Engeln und Erzengeln Gott lobt. Denn wenn wir sagen, daß wir gemeinsam mit den himmlischen Heerscharen, den Cherubim und Seraphim »Heilig, heilig, heilig« rufen, dann entspricht dies der Auffassung vieler Texte: Die versammelte Gemeinde steht mit den Engeln vor Gottes Thron, versammelt zu einem Lobpreis, der gemeinsam gesprochen wird. So kann die Bedeutung dieser Textfunde kaum überschätzt werden: Jesus und die ersten Christen sind in ihnen groß geworden, auch die Briefe des Paulus atmen ihren Geist.

Die überlieferten Gebete und Lieder knüpfen zum Teil an die Sprache der Psalmen an, sind ihre lebendige Fortsetzung. Sie zeigen, daß Sprache und Gedankengut der Psalmen fortentwickelt wurden und weiterhin lebendig waren. Die herbe Schönheit dieser Texte, die oft von großer poetischer Kraft sind, verbietet von selbst jedes Aburteilen gegenüber den Psalmen der Schrift. Nein, die These vom finsteren Judentum zur Zeit Jesu, von Unoriginalität und oberflächlicher Frömmigkeit, bricht in sich zusammen, wenn man sich in diese Segensworte und Psalmen vertieft. Auch viel Neues gegenüber dem Psalter der Bibel findet sich hier: Besondere Bedeutung haben der heilige Geist und Geister der Unheilsseite, die Rede von Gottes Herrlichkeit und der Geringfügigkeit des Menschen. Der Mensch ist nur kreatürliches, schwaches »Fleisch«, er ist ganz und gar auf die helfende Gnade Gottes angewiesen.

Zum Gebrauch dieser Sammlung

Der Sinn der hier vorgelegten Sammlung soll sich nicht im Touristischen erschöpfen. Auch sind diese Texte für Christen nicht unverbindlich und rein exotisch wie Worte des Laotse. Denn es sind Gebete aus unserer eigenen Geschichte. Ist doch zumindest bis zur Trennung von Judentum und Christentum am Ende des 1. Jahrh. n. Chr. (in Wahrheit aber noch weit darüber hinaus) die Geschichte des Judentums unsere eigene, ein Stück unserer eigenen Identität. Nicht »jüdische Kirchenlieder« bietet diese Sammlung, sondern in Qumrantexten erhaltene Lieder aus der Zeit unserer geistlichen Väter, Lieder aus derjenigen Zeit unserer Geschichte, da Gottes Volk noch nicht in Juden und Heidenchristen gespalten war. Und in diesem Sinne gilt:

Wenn unsere Frömmigkeit nicht jüdisch ist, kann sie auch nicht christlich sein.

Daher kann ich mir eine gottesdienstliche Verwendung dieser Sammlung durchaus vorstellen. Wie nahe diese Texte dem Kanon stehen, wird nicht zuletzt daran deutlich, daß man unter den Qumrantexten die hebräische Originalfassung der Psalmen 151, 154 und 155 gefunden hat, die in der syrischen Kirche zu den letzten fünf Psalmen (151–155) gehören und die bislang nur syrisch bekannt waren. – Im übrigen sind im christlichen Gottesdienst die Würfel für die offizielle Verwendung auch nicht-kanonischer Texte gefallen, seitdem man nicht nur kanonische Psalmen, sondern Kirchenlieder jüngerer Autoren singt.

Weil Geschmacksurteile über die literarische und theologische »Qualität« dieser Lieder unmöglich sind, versteht sich die vorliegende Sammlung als ein Appell, alle Ängste vor nicht-kanonischen Texten zu überwinden und sich vielmehr der ganzen Wirklichkeit des Sprechens von und zu Gott in unserer Geschichte zu stellen und davon nach Kräften zu profitieren.

Woher kommen diese Texte und wer waren ihre Verfasser?

Die hier gesammelten Texte stammen insgesamt aus den Höhlen von Qumran und sind – bis auf die genannten apokryphen Psalmen – vorher unbekannt gewesen. Ihre Verfasser sind unbekannt; bei einigen wird David, bei anderen Manasse angegeben. Schon in den Rollen von Qumran gibt es Sammlungen solcher Texte. Die bekanntesten sind die sog. Hymnenrolle (1 QH) und die Sammlung von Segensworten (1 QSb). Zusammengehörig sind auch die »Worte des Lichts« (4 Q 504) und die sog. Sabbatliturgie. – Für die Hymnenrolle (1 QH) hat man den auch aus anderen Texten von Qumran bekannten »Lehrer der Gerechtigkeit« als Autor vermutet, doch ist ein wirklicher Erweis wohl nicht möglich.

Zur vorliegenden Sammlung und Übersetzung

Die vorliegende Sammlung strebt Vollständigkeit an. Die meisten der hier gesammelten Texte sind zuvor noch nicht ins Deutsche übersetzt worden. Doch geboten werden nur zusammenhängende Texte, d. h., auf Fragmente, die keinen zusammenhängenden Sinn ergaben, habe ich verzichtet, Lücken habe ich nicht markiert; dadurch sind die Texte gegenüber ihrem ursprünglichen, aber zum Teil nicht oder nur ganz lückenhaft erhaltenen

Gesamtumfang oft gestutzt worden. Wo nur ein Wort fehlte und sonst der ganze Abschnitt hätte geopfert werden müssen, habe ich, soweit es möglich war, vorsichtig ergänzt.

Die Übersetzung ist funktional auf den praktischen geistlichen Gebrauch heute abgestimmt. D. h., die Übersetzung ist nicht philologisch rekonstruierend, für die Einzelwörter wird öfter nicht die lexikalische »Bedeutung« gesetzt. Soweit die Texte schon ins Deutsche übersetzt waren, wie etwa die Hymnen aus 1 QH in den beiden sehr eng aufeinander bezogenen Übersetzungen von Johannes Maier und Eduard Lohse, war die »genaue« Übersetzung häufig sogar für den theologischen Leser sachlich unverständlich. Auf Kosten der »Genauigkeit« mußte so der geistliche Reichtum dieser Texte verschlossen bleiben. Dennoch möchte ich meine Übersetzung nicht vorwurfsvoll »Übertragung« genannt wissen, denn die philologische Ungenauigkeit dient der Genauigkeit des Verständnisses. Und ich halte Unverständlichkeit übersetzter Texte dann für unverantwortlich, wenn es darum gehen soll, die Fremdheit einer versunkenen Welt den Menschen unserer Zeit als eine verstandene Fremdheit nahezubringen. Verstandene und verstehbare Fremdheit sind von Unverständlichkeit zu unterscheiden.

Bis auf wenige Ausnahmen wurde am hebräischen Text keine eigene textkritische Arbeit geleistet, und zumeist gelten die angegebenen hebräischen Textausgaben. Die Texte werden nicht in der Reihenfolge der Rollen geboten, sondern nach Themen geordnet. Zu Beginn jedes Texts werden in einer kurzen Einleitung etwa nötige Erklärungen gegeben. Die kleine Ziffer in diesem Abschnitt verweist jeweils auf die Angaben des Fundortes am Ende des Bandes.

Meine Frau Christiane Nord, habilitierte Übersetzungswissenschaftlerin, hat sich bei der Erstellung dieses Buches unschätzbare Verdienste erworben.

In der großen Verheerung, die die Qumran-Diskussion allenthalben hinterlassen hat, kann dieses Buch sichtbar machen, worin vor allem der wahre Gewinn und die wahre heilsame Provokation der Qumranfunde liegt.

Verherrlicht Gott mit kräftiger Stimme

Psalm 151, 154 und 155   in syr. Kirche unter Ps. verwendet

David besingt das Wunder seiner Erwählung: nicht den Größten und Schönsten, son-
dern ihn hat Gott erwählt (vgl. 1 Kor 1,18–31). Bäume und die Herde, die Welt des
Hirten, stimmen ein in sein Lied.[1]

Psalm 151

Halleluja – von David, dem Sohn Isais –.
Kleiner war ich als meine Brüder
und der jüngste der Söhne meines Vaters.
Und er machte mich zum Hirten seiner Herde
und zum Herrscher über seine Kinder.
Meine Hände machten ein Instrument,
meine Finger bauten eine Zither,
und ich verherrliche Gott.
So sage ich bei mir:
Die Berge geben kein Zeugnis für ihn,
und die Hügel erzählen nicht.
Die Bäume stimmen in meine Worte ein
und die Herde in meine Taten.

Denn wer erzählt
und wer benennt
und wer schildert die Werke Gottes?
Alles sieht Gott,
und alles hört er
und alles beachtet er.

Er sandte seinen Propheten,
mich zu salben,
den Samuel, daß er mich groß werden lasse.
Meine Brüder zogen aus, ihm zu begegnen,
schön von Aussehen
und schön von Gestalt,
hoch gewachsen
und mit schönen Haaren.
Doch Gott, der Herr, hat sie nicht erwählt.

Sondern er sandte aus und
holte mich vom hinteren Ende der Herde
und salbte mich mit heiligem Öl
und setzte mich ein als Fürst seines Volkes
und als Herrscher über die Kinder seines Bundes.

Das Lied entspringt der von Gott geschenkten Weisheit. Besonders beim Mahl kommt sie zu Wort: wenn Menschen essen, trinken und satt werden.[2]

Psalm 154

Verherrlicht Gott mit kräftiger Stimme,
wo viele zusammen sind, tut kund seine Herrlichkeit.
Wo viele rechte Menschen sind, verherrlicht seinen Namen,
und bei denen, die getreu sind, erzählt von seiner Größe.

Verbindet euch mit den Guten
und mit den Reinen, um den Höchsten zu verherrlichen.
Schafft eine Gemeinde, zu verkünden
die Befreiung, die er gewährt,
und laßt nicht ab, seine Macht zu verkünden
und seine Herrlichkeit allem Volk.

Denn Weisheit hat Gott gegeben,
daß wir verkünden seinen Glanz.
Und er hat Weisheit gelehrt die Menschen,
daß sie erzählen von seinen vielen Taten,
um das Volk seine Macht erkennen zu lassen
und die Unwissenden seine Größe,
daß sie es sagen auch jenen, die weit weg sind von den Zentren der Macht
und die man von den Eingängen verscheucht.

Denn der Höchste ist der Gebieter Jakobs,
und seine Herrlichkeit leuchtet über all seinen Werken.
Und den Menschen, der den Höchsten verherrlicht,
nimmt er an wie einen, der ein köstliches Opfer bringt,
wie einen, der Böcke und Stiere opfert,
wie einen, der den Altar mit dem Fett vieler Brandopfer bedeckt,
wie süßen Opferduft aus der Hand der Gerechten.

Von dort her, wo die Gerechten sind,
kann man die Stimme der Weisheit hören,
und aus der Gemeinde der Frommen ihr Lied.
Wenn sie essen und satt werden,
kommt die Weisheit zu Wort,
und wenn sie trinken in gemeinsamer Runde.

Sie bedenken das Gesetz des Höchsten,
ihre Worte rühmen seine Macht.
Wie weit ist doch ihr Wort entfernt von den Bösen,
von allen, die zu frech sind und nichts wissen wollen von der Weisheit.

Seht, Gott behält die Guten im Auge,
um sie zu schützen,
und denen, die ihn verherrlichen,
ist er sehr gnädig,
und aus böser Zeit rettet er sie.

Lobt den Herrn,
er befreit den Demütigen aus der Hand des Fremden
und erlöst den Reinen aus der Hand der Bösen.
Er setzt ein einen Herrscher aus Jakob
und einen Richter über die Stämme Israels.
Er wird sein Zelt auf Sion errichten
und für immer wohnen in Jerusalem.

Gerade als gerechter Richter ist Gott hier der Retter. Die Sünde, von der er befreit, wird mit Aussatz verglichen.[3]

Psalm 155

Herr Gott, ich rufe zu dir,
sei mir gnädig.
Ich strecke meine Hände aus
nach deiner heiligen Wohnstatt.

Neige dein Ohr
und erfülle mein Flehen.

Und verwehre mir nicht,
was ich erbitte.
Richte mich auf
und wirf mich nicht zu Boden
und vernichte mich nicht
im Angesicht der Ungerechten.

Gerechter Richter,
nimm von mir
das Böse, das ich verdient habe.

Gott, richte mich nicht nach meinen Sünden,
denn nichts, was lebt, ist gerecht vor dir.

Schenke mir Einsicht, Herr, in deine Weisung
und lehre mich dein Recht.
So sollen die Menschen von deinen Werken hören,
und die Völker sollen lobpreisen deine Herrlichkeit.
Gedenke meiner und vergiß mich nicht
und führe mich nicht in das, was zu schwer für mich ist.
Was ich gesündigt habe von Jugend an,
nimm von mir,
und was ich gefehlt habe,
rechne mir nicht an.
Mache mich rein, Herr, vom bösen Aussatz

und laß ihn mich nicht erneut befallen.
Laß seine Wurzeln verdorren,
halte ihn fern von mir,
laß seine Blätter nicht in mir sprießen.
Herrlichkeit bist du, Herr,
deshalb erfüllst du mein Flehen.

Zu wem soll ich rufen, und er gibt es mir?
Und was könnte menschliche Macht mehr erreichen?

Ich bringe dir, Herr, Vertrauen entgegen.
Ich rief »Herr«, und er antwortete mir,
und er heilte mein zerbrochenes Herz.
Ich schlief, und ich schlummerte,
ich träumte, doch ich erwachte.
Du halfst, Herr, meinem verwundeten Herzen,
und ich rief zu dir, Herr, mein Retter.

Ich vertraue auf dich und werde nicht enttäuscht.
Erlöse Israel, deine Frommen, Herr,
und Jakobs Haus, deine Erwählten.

Tafel 1: *Die Höhlen von Qumran*

Tafel 2: *Das Tote Meer*

Der Herr sei dir gnädig

Segenssprüche

In den alten Bildern von Krieg und Unterwerfung wird etwas beschrieben, das de
Sache nach doch ganz anders geworden ist: der »Geist des Erkennens« und di
»Gerechtigkeit«. Entsprechend sind auch die Feinde jetzt Unrecht und Dummheit.

1 QSb 5,23b–29 Lohse

Der Herr führe dich hinauf in die Höhe für alle Zeit
wie einen starken Turm
auf einer hohen Mauer.
Und du wirst schlagen die Völker
mit der Kraft deines Mundes.
Mit deinem Zepter wirst du die Erde verwüsten,
und mit dem Hauch deines Mundes
wirst du die Ungerechten töten
mit unvergänglicher Kraft
und dem Geist des Erkennens
und mit der Furcht Gottes.
Und Gerechtigkeit wird dein Gürtel sein
und Treue dein Leibgurt.
Und er mache deinen Hornspieß aus Eisen
und deine Hufe aus Erz.
Stoße zu wie ein junger Stier,
tritt die Völker nieder wie Straßenkot.
Denn Gott hat dich aufgerichtet
zum Zepter über die Herrscher.
Dich werden sie kniefällig verehren,
und alle Völker werden dir dienen.
Durch seinen heiligen Namen wird er dir Kraft verleihen.
Und du wirst sein
wie ein Löwe, der raubt und den keiner zurückholt.

In dieser Abwandlung des Priestersegens von 4 Mose 6,24–26 werden vor allem Einsicht und Erkenntnis betont, die in der Auseinandersetzung mit anderen Religionen immer besonders wichtig sind.[5]

1 QS 2,2-4   Lohse

Der Herr segne dich mit allem Guten,
und er bewahre dich vor allem Bösen,
und er erleuchte dein Herz mit der Einsicht, die zum Leben führt,
und er begnade dich mit ewiger Erkenntnis,
und erhebe sein huldvolles Angesicht
für dich zum ewigen Frieden.

In vielen Qumrantexten ist das ästhetische Element wichtig (hier: »reine Schönheit«). – Durch die Taten des Gerechten werden die »Fürsten« in den Schatten gestellt, eigentlich: »gerichtet«. Denn der Unterschied zum Gerechten ist so groß, daß sie dadurch verurteilt, disqualifiziert werden. Es handelt sich nicht um ein förmliches Gericht, sondern um einen Kontrastvorgang (wie in Römerbrief 8,3f).[6]

1 QSb 3,25-28   Lohse

Der Herr segne dich aus seinem Heiligtum,
und er mache dich
zu reiner Schönheit
unter den heiligen Engeln.
Und den Bund des
Priestertums für alle Zeit
erneuere er dir,
und er gebe dir
deinen Platz im Heiligtum.
Und durch deine gerechten Taten
stelle er alle Fürsten in den Schatten,
und durch deine Worte
beschäme er
alle Führer der Völker.
Er lasse dich erben
das Kostbarste,
und das Planen der schwachen Kreatur
segne er durch deine Hand.

Bei dieser Abwandlung des Priestersegens von 4 Mose 6,24–26 fällt besonders die Bedeutung des Segens für irdische Güter und die Anwesenheit der Engel in der Gemeinde auf. Letzteres ist typisch für viele Qumrantexte.[7]

11 Q Ber

Es segne euch Gott der Höchste
und er lasse sein Angesicht leuchten über euch
und er öffne euch seinen guten Schatz,
der im Himmel ist,
um Segensregen fallen zu lassen auf euer Land,
Tau und Regen,
Frühregen und Spätregen, jedes zu seiner Zeit,
um euch Frucht, den Ertrag von Getreide,
Most und Öl in Fülle zu geben,
und daß das Land Frucht hervorbringe
zum Genießen,
so daß ihr eßt und euch sättigt,
daß es weder Fehlgeburt
noch Krankheit in eurem Lande gebe,
daß man Getreidebrand und Hinwelken
an seiner Frucht nicht sieht,
weder Kinderlosigkeit
noch Unfall in eurer Gemeinde,
daß wildes Getier aus dem Lande verschwinde
und das Schwert nicht in eurem Land umhergehe,
denn Gott ist mit euch,
und seine heiligen Engel stehen in eurer Gemeinde
und sein heiliger Name
ist über euch ausgerufen.

*Wasser, Durst und Trinken sind sehr wichtig für diesen Text. Auch hier steht der zu
Gott Gehörige im Kreis der Engel. Die Schlußbitte des ersten Abschnittes um Befreiung aus Haß ist besonders eindrücklich und findet sich nur hier. Im dritten Abschnitt
wird wieder 4 Mose 6,24–26 ausgelegt. Außer von Priestern ist auch von der ganzen
Gemeinde die Rede.*[8]

1 QSb 1,36 – 3,7 Lohse

Es segne dich der Herr
aus seinem Heiligtum.
Und er tue dir auf vom Himmel her
die ewige Quelle, die nicht lügt.
Er sei dir gnädig
mit allem Segen des Himmels,
und er lehre dich
im Kreis der heiligen Engel.
Er verschließe nicht
das lebendige Wasser
den Durstigen.
Er befreie dich
aus allem Haß. Amen.

Der Herr sei dir gnädig.
Er mache dich fröhlich mit allem Guten,
er sei dir gnädig mit heiligem Geist.
Er sei dir barmherzig.
Er sei dir gnädig
in gerechtem Gericht,
daß du nicht stolperst.
Er sei dir gnädig in allen deinen Werken.
Er sei dir gnädig mit ewiger Treue. Amen.

Der Herr erhebe dein Angesicht auf dich
und nehme an
den Geruch deiner Opfer,
und er erwähle alle, die Priester bleiben bei dir,
und er erhöre alle deine heiligen Engel.
Er erhebe sein Angesicht auf deine ganze Gemeinde.
Er kröne dich mit unvergänglicher Herrlichkeit
und heilige deine Kinder mit unvergänglicher Herrlichkeit.
Er gebe dir ewigen Frieden und das Reich.

Die Erwählung und Erhebung des Menschen noch über die Würde der Engel hinaus wird ein Thema jüdischer Mystik. Wenn hier ein Mensch zum »Licht der Welt« bestimmt wird, so entspricht das auch Mt 5,14. Hier wie dort geht es um Mission: »das Angesicht vieler erleuchten«. – »Engel des Angesichts« sind solche Engel, die ganz nahe bei Gott, unmittelbar vor seinem Angesicht stehen.[9]

1Q Sb 4,1–28   Lohse

Der Herr habe Wohlgefallen an den Schritten deiner Füße,
und er setze dich an die Spitze der heiligen Engel.
Wie ein Engel des Angesichts
sollst du dienen im Heiligtum
zur Ehre des Herrn der Heerscharen für alle Zeit.
Und du mögest sein einer der Diener
rings um den Thron in der Halle des Königs
und die Geschicke bestimmen zusammen mit den Engeln des Angesichts.
Und es soll sein ein gemeinsamer Kreis
mit den heiligen Engeln für immer und alle Zeit.
Denn verläßlich sind alle Entscheidungen Gottes.
Und er mache dich heilig in seinem Volk
und zum großen Licht
und, durch Erkenntnis, zum Licht der Welt.
Und du mögest erleuchten das Angesicht vieler
durch Einsicht zum Leben.
Und er mache dich zu einem Diadem
für das Allerheiligste.

Denn du sollst ihn heiligen
und verherrlichen seinen Namen
und seine heiligen Engel.

Durch meinen Mund vertreibt er alle Geister

Exorzismen

In frühjüdischer Zeit werden Psalmen und Hymnen oft gesungen, damit böse Geister vertrieben werden; die »Feinde« des Psalters werden in diesem Sinne gedeutet. Auch bei der Anwendung von Psalm 110 und Psalm 8 auf die Erhöhung Jesu wird an Geistermächte gedacht. Die Dämonen heißen in unserem Segen »Geister der Bastarde«, weil sie aus der Verbindung von Engeln mit Menschen, also aus der Vereinigung von Verschiedenartigem, hervorgingen (vgl. 1 Mose 6,1–5).[10]

4Q 511,35

Richter ist Gott über alle Kreatur,
und Gericht übt er zur Vergeltung,
um die Ungerechtigkeit zu vernichten.
Und Gott läßt seinen Zorn walten
durch die siebenmal Geläuterten,
und unter den Heiligen hat Gott einige für sich ausgesondert
als heilig für alle Zeit
und als rein unter den Erwählten.

Und sie werden Priester sein,
sein gerechtes Volk,
seine Heerschar
und Diener der Engel seiner Herrlichkeit.

Sie werden ihn lobpreisen
ob seiner wunderbaren Zeichen.

Und ich fürchte Gott
in allen Lebensaltern.
Um seinen Namen zu rühmen, rede ich,
um zu vertreiben mit seiner Kraft
alle Geister der Bastarde,
sie zu unterwerfen
kraft der Furcht vor ihm,
jedoch nicht für immer,
sondern für die Zeit, da sie mit Herrschaft beauftragt sind.

Die Unreinheit ist nichts Äußerliches. Ähnlich wie Paulus im Galaterbrief einen Streit im Menschen zwischen heiligem Geist und »Fleisch« annimmt, müssen auch hier die bösen Geister wegen des Kampfes im Menschen vertrieben werden. Auch bei Paulus spielt in diesem Kampf das Gesetz Gottes eine Rolle (Römerbrief 7,22f).[11]

4Q 511, 48/49/51

Er hat mir ins Herz gegeben das Loblied auf seine Gerechtigkeit,
und durch meinen Mund vertreibt er alle Geister der Bastarde,
um zu unterwerfen alle Unreinen.
Denn in den Gliedern meines Leibes ist Streit,
und in meinem Leib ist Kampf.
Die Gesetze Gottes sind in meinem Herzen,
und ich habe den Teufel überwunden.
Alle Großtaten des Menschen sind ungerecht;
ich erkläre sie für ungerecht.

Ich will rühmen deinen Namen

Loblieder

Während für uns moderne Menschen jede Vorherbestimmung etwas Lästiges zu sein scheint, das unsere Freiheit einschränkt, sind derartige Aussagen hier ein Ausdruck des Vertrauens in die Geborgenheit bei Gott. – Das Lied ist in seinem Anfang eine Neu-Erzählung der Schöpfungsgeschichte, jedoch werden nicht Schöpfungswerke aufgezählt, sondern Herrschaftsträger eingesetzt. Und ähnlich wie Paulus vom Gefäß aus Ton spricht, in dem die Offenbarung getragen wird (2 Korinther 4,7), sind hier die wunderbaren Geheimnisse dem schwachen Menschen anvertraut.[12]

1 QH 1,5-39   Lohse

Herr,
du bist Quellgrund der Kraft
und groß an Rat.
Du bist lange geduldig, bevor du zürnst,
und du handelst gerecht in allem, was du tust.
Und in deiner Weisheit
hast du bestimmt
die Generationen aller Zeit.
Und bevor du sie erschaffen hast,
wußtest du, was sie tun würden
bis in alle Zeit.
Denn ohne dich
kann niemand handeln.
Und niemand begreift,
ohne daß du es willst.
Alles, was atmet, hast du geformt.
Und du hast festgelegt, was alle tun,
und auch das Maß für alles, was sie wirken.
Und du hast die Himmel ausgespannt
zu deiner Herrlichkeit.
All ihre Heerscharen
hast du aufgestellt,
wie du es wolltest,
und Sturmwinde voll Kraft
nach ihren Regeln.
Sie wurden dann zu Engeln
in heiligem Dienst.
Sie wurden zu Geistern für alle Zeit
in den Sphären ihrer Herrschaft.
Als Licht strahlen sie aus,

was du zu hüten ihnen anvertraut hast.
Als Sterne kreisen sie in ihren Bahnen.
Geister des Sturms sind sie,
das Gewicht schwerer Stürme zu tragen.
Brandpfeile sind sie und Blitze,
die ihren Dienst tun.
Gefäße sind sie.
Sie bergen im voraus den Lauf der Dinge,
damit sie das Ziel erreichen, das sie wollen.
Auch dies ist zu hüten ihnen anvertraut.

Du hast die Erde geschaffen
durch deine Macht.
Meere und Fluten
hast du bestellt in deiner Weisheit.
Und alles, was in ihnen ist,
hast du bestimmt, wie du es willst.
Und du gabst sie dem Geist des Menschen,
daß er über sie herrsche,
dem Adam, den du geformt hast auf der Erde
für alle Tage aller Zeit
und für die Generationen fort und fort.

Zu ihren Zeiten hast du sie eingeteilt
zu ihren Diensten
je nach Generation.
Hast bestimmt auch das Maß
der Zeiten, in denen sie herrschen sollen
von Generation zu Generation.
Hast bestimmt auch heilsame Heimsuchung
mit all ihren Geißeln.
Und du teilst es zu
all ihren Kindern
nach der Zahl der Generationen allezeit
und für alle Jahre fort und fort.
Und in der Weisheit,
mit der du alles kennst,
hast du festgelegt, wozu sie da sind,
bevor sie wurden.
Und so, wie du es willst,

geschieht alles.
Und ohne dich
handelt niemand.

Dieses habe ich erkannt
aus Einsicht, die von dir kommt.
Denn du hast geöffnet mein Ohr
für vordem Verborgenes,
über das man nur staunen kann.
Doch ich bin geformt aus Lehm,
geknetet mit Wasser,
ein Gewölbe, aus dem Schändliches ans Licht dringt,
und Brunnenstube, aus der Abscheuliches hervorsprudelt,
ein Schmelzofen, aus dem Schuld hervorquillt,
und ein Haus, in dem Sünde wohnt,
ein Geist, der abgeirrt ist
und verdreht, ohne Einsicht
und plötzlich überfallen
von gerechten Strafgerichten.

Was kann ich sagen,
ohne daß du es schon weißt?
Und was kann ich zu Gehör bringen,
ohne daß du es schon erzählt hast?
Alles ist eingeritzt vor dir
mit dem Griffel der Erinnerung
für alle Zeiten fort und fort.
Und wie das Maß der Jahre sich erfüllt
für alle Zeit mit all ihren Phasen,
das ist nicht verborgen
und nicht fehlt es vor dir.

Und wie könnte ein Mensch
seine Sünden zählen?
Und wie soll er gerecht erklärt werden
angesichts seiner großen Schuld?
Und was soll der Schuldige antworten
auf ein gerechtes Urteil?
Du, Herr, wägst jegliches ab,
alles, was du tust, ist gerecht.

Und was du ersinnst, ist echt.
Aber die Menschenkinder dienen der Sünde
und handeln betrügerisch.
Du schufst den Hauch auf der Zunge
und kennst ihre Worte.
Und du bestimmst, was über die Lippen kommt,
bevor sie da sind.
Und was wir sagen, hast du genau abgewogen,
und die Laute der Lippen bestimmt.
Und du hast abgemessen, was wir Verborgenes äußern,
und den Rhythmus des Atmens hast du berechnet.
Damit wir deine Herrlichkeit bekannt werden lassen
und erzählen deine staunenswerten Taten.
Denn alles, was du tust, ist wahr.
Und deine Urteile sind gerecht.
So soll dein Name gelobt sein
durch aller Mund.
Und sie werden um dich wissen,
so wie sie es verstehen.
Und sie werden dich erheben
für alle Zeit.

Aber du bist barmherzig und sehr gnädig,
du hast gemacht, daß ein Mensch fester atmen kann
im Angesicht dessen, was ihn quält.
Du hast ihn rein gewaschen von großer Schuld,
daß er deine staunenswerten Taten erzähle
vor allem, was du geschaffen hast;
auch wenn du geurteilt hast,
daß es ihn treffen soll.
Und den Menschenkindern will ich erzählen
alles, was du wunderbar getan hast,
daß du dich mächtig erwiesen hast.

Hört, ihr klugen Leute
und die ihr alles wissen wollt,
ihr, die ihr schnell begreift,
gewinnt jetzt sichere Kenntnis!
Werdet noch klüger!
Die ihr die Gerechten heißt,

hört auf damit, Schuld zu häufen.
Und alle, die ihr euren Weg ohne Tadel geht,
bleibt frei von Schuld.
Ihr Armseligen, seid geduldig, bevor ihr zürnt,
und lehnt nicht ab Gottes Gebote.
Wer ein dummes Herz hat, kann dieses nicht verstehen.
Und wer Gewalt liebt, knirscht vor Unmut mit den Zähnen.

Die Herrlichkeit der Gemeinde, die wie eine Pflanze wächst und groß wird, daß der Schatten die Erde bedeckt und Vögel darin nisten können, entspricht der des Reiches Gottes nach Markus 4,32. – Das Bild des Bauwerkes mit genau ausgesuchten Steinen wird im frühen Christentum z. B. im »Hirten des Hermas« auf die Gemeinde bezogen. Die Schilderung des Festungskriegs hat eher beschwörenden Charakter. Es handelt sich um Beter, die große Angst haben und ihre Hoffnung allein auf Gott setzen.[13]

1 QH 6,11–36 Lohse

Die zu deiner Gemeinde unter den Menschen gehören,
sollen erzählen allen Generationen für und für
deine wunderbaren Taten.
Und deine großen Werke
werden sie bedenken ohne Ende.
Und alle Völker werden erkennen deine Treue
und alle Stämme deine Herrlichkeit.
Denn du läßt kommen deine Treue und Herrlichkeit,
auf alle, die zu deiner Gemeinde gehören,
dort, wo sie gemeinsam mit den Engeln sind,
die vor deinem Angesicht stehen,
und wo deine Heiligen keinen Dolmetscher brauchen.
Und sie antworten auf das Wort,
das aus deiner Herrlichkeit kommt.
Und sie regieren mit dir im Raum der Ewigkeit.

Sie wachsen empor
wie eine Blume, die nicht vergeht,
lassen gedeihen einen Sproß,

Tafel 3: *Kloster St. Georg im Wadi Quilt*

Tafel 4: *Sonnenaufgang am Ufer des Totes Meeres*

daß Vögel nisten können
in der Pflanzung, die für immer ist.
Und der Sproß wirft Schatten
auf den ganzen Erdkreis,
seine Wurzeln reichen bis zur Flut in der Tiefe,
und alle Flüsse des Paradieses
tränken seine Zweige.
Er wird sein auf dem ganzen Erdkreis
ohne Grenzen und bis zu den Schranken der Hölle.
Er ist die Brunnenstube
für die Quelle des Lichts,
die für immer besteht,
und es ist kein Ende.
In seinen lodernden Flammen
wird alles brennen,
in verzehrendem Feuer,
unter all denen wird es wüten,
die ganz und gar schuldig wurden.
Und die meiner Botschaft folgen,
ließen sich betrügen,
hören auf, dir gerecht zu dienen.
Doch du, mein Gott, befiehlst ihnen,
ihren Weg zu verlassen
zu ihrem Vorteil
und auf deinem heiligen Weg zu gehen.
Doch wer nicht beschnitten ist,
wer nicht rein ist
und wer Gewalt übt,
soll ihn nicht betreten.
Doch sie wanken und irren ab
vom Weg deines Herzens
und enden im Unheil.
Doch der Teufel hat ihnen geraten.
Böses planen sie und werden schuldig über und über.
Und ich bin wie ein Schiffsmann auf seinem Boot,
mitten in brandender See.
Ihre Wogen und all ihre Dünung
stürzen sich auf mich,
ein Orkan, der keine Stille kennt,
daß ich meine Ruhe fände.

Und ich kann keinen geraden Kurs halten
auf dem Meer.
Und die Flut aus der Tiefe tobt, daß ich stöhne,
und ich bin dem Tode nahe.
Und dann gelange ich doch in eine befestigte Stadt
und rette mich im Schutz einer hohen Mauer,
ich bin entkommen
und freue mich über deine Treue, mein Gott.
Denn du legst Grundmauern auf Fels
und den Balken nach rechtem Maß
und im rechten Lot.
So prüfst du die Steine genau
und baust eine starke Festung, die keiner erschüttern kann.
Und die hineingehen, werden nicht wanken und weichen.
Denn kein Fremder kann die Tore der Festung betreten,
schützende Bollwerke, durch die man nicht hineingelangt,
feste Riegel, die keiner zerbrechen kann.
Keine kriegerischen Horden dringen mit ihren Waffen hinein,
mit der Menge all ihrer Schwerter,
wie man sie in ungerechten Kriegen trägt.
Aber dann kommt herbei das Schwert Gottes,
wenn es Zeit ist für das Gericht.
Und all seine Getreuen erheben sich,
die Bösen zu vernichten,
und die Schuldigen werden vergehen.
Und der Starke spannt seinen Bogen,
öffnet die Tore, stürmt ins Freie.
Und er öffnet die Pforten, die unvergänglich sind,
um die Kriegswaffen hinauszuschaffen,
und sie werden ihre Macht erweisen immerdar.
Kein Entkommen gibt es für die Schuldigen,
sie werden zertreten und vernichtet.
Und es bleibt kein Rest und keine Hoffnung,
keine Zuflucht für alle Feinde.
Nur noch im Staub liegend, erheben sie ihre Fahne.
Nur noch von Totenwürmern gefressen,
richten sie ein Banner auf,
frechen Krieg zu führen.
Gott schwingt über sie peitschend die Geißel,
doch in die Festung dringt sie nicht ein.

Weil Gott so herrlich und der Mensch so gering ist, bleibt der Mensch ganz auf Got-
tes Barmherzigkeit angewiesen. Gegen Ende des Liedes löst sich die Angst: Der
Beter spricht von Freude und davon, daß sein Herz sich öffnet wie eine Blume.
Doch das Zittern des Menschen und das drohende Gericht bleiben die Wirklichkeit,
die nicht überspielt wird.[14]

1 QH 10,1–39   Lohse

Herr, nichts geschieht, ohne daß du es bestimmst,
und niemand versteht etwas, ohne daß du ihn erwählst.
Was ist er also, der Mensch?
Erde ist er, aus Lehm geknetet,
und zum Staub kehrt er zurück.
Was ist er, daß du ihn begreifen läßt
Wundertaten wie diese
und ihn erkennen läßt
deinen festen Plan?

Aber ich bin Staub und Asche.
Was soll ich erkennen,
ohne daß du es willst,
und was soll ich planen,
ohne daß du es beschließt?

Wie soll ich stark sein,
ohne daß du mich standfest machst,
und wie soll ich begreifen,
ohne daß du für mich denkst?
Wie soll ich sprechen,
ohne daß du mir den Mund auftust,
und wie soll ich antworten,
ohne daß du mich begreifen läßt?

Denn du bist der Herr der Götter
und der König der Herrlichkeit
und der Herr aller Geister
und Gebieter über alle Kreatur.

Ohne dich kann keiner etwas tun,
und keiner kann etwas erkennen,
wenn du es nicht beschließt.

Keiner ist außer dir,
und keiner ist mächtig wie du.
Und nichts kann vor deiner Herrlichkeit bestehen,
und für deine Größe gibt es kein Lob.
Und welches unter all deinen wunderbaren, großen Werken
ist nicht schwach, wenn es bestehen muß
vor deiner Herrlichkeit?
Und was ist der Mensch?
Er kehrt zurück zu seinem Staub.
Was ist er, daß er Kraft fände?
Nur für deine Herrlichkeit
hast du alles gemacht.

Gelobt bist du, Herr,
barmherziger Gott
und reich an Gnade.
Denn du hast mir kundgetan
deine Wundertaten.
Tag und Nacht soll mein Lied nicht verstummen,
dir zu singen,
daß du gnädig bist und sehr gütig und dich erbarmst.
Denn ich baue auf deine Treue,
und nichts geschieht, ohne daß du es willst,
und niemand strauchelt, ohne daß du ihn fallen läßt,
niemand wird gequält, ohne daß du es weißt.

Und ich will erzählen deine Wundertaten,
daß ich um deine Treue weiß
und auf deine Herrlichkeit schaue
und begreife, daß du sehr barmherzig bist,
und hoffe, daß du mir vergeben wirst.

Denn du hast geformt
das Herz deines Sklaven,
und wie du es beschlossen,
hast du mich gemacht.
Und du hast mir keine Hilfe zugedacht
zum ungerechten Gewinn
oder zum Besitz.

Und nicht bei Menschen
soll ich Zuflucht suchen.

Die Macht der Starken
ruht auf all dem Korn, Most und Öl, das sie besitzen.
Und sie brüsten sich mit ihrem Vieh
und daß am Ufer von Gewässern
sie grüne Bäume haben,
die Laub tragen und viele Zweige,
und daß alle Menschen sich sättigen aus der Erde.

Doch den Kindern, denen du Treue erweist,
schenkst du Erkenntnis,
und je mehr Wissen sie haben,
um so mehr genießen sie Ansehen untereinander.

Mein Herz freut sich an deinem Bund,
und deine Treue macht mich fröhlich.
Ich blühe auf wie eine Lilie,
und mein Herz öffnet sich
der unversieglichen Quelle,
und Hilfe kommt mir vom Zufluchtsort im Himmel.
Ich zittere vor Angst,
und mein Leib erschauert.
Mein Stöhnen dringt bis zur Flut in der Tiefe
und ist auch zu hören in den Kammern der Hölle.

Ich erschrecke, wenn ich höre,
wie du die Riesen vor dein Gericht gestellt
und dein Recht durchgesetzt hast
gegen das Heer der gefallenen heiligen Engel.

Daß der Mensch trotz seiner Schwäche, Vergänglichkeit und Kleinheit Gott lobt, beweist schon für sich, daß er zugelassen ist in den Kreis um Gottes Thron. Daß er Gott loben kann, ist ein erster Hinweis auf die Überwindung seiner Vergänglichkeit.[15]

1 QH 11, 1–38 Lohse

Ich will dich loben, mein Gott!
Denn du hast wunderbar gehandelt
an dem, der Staub ist.
Und an dem, der aus Lehm geformt ist,
hast du dich sehr groß gezeigt.
Und was bin ich, daß du mich erkennen läßt
deine feste Ordnung
und daß du mich lehrst deine wunderbaren Taten?
Du legst mir Loblieder in den Mund
und auf meine Zunge Lobpreis.
Und was über meine Lippen kommt, ist nur Jubel.
Und ich will deine Gnade besingen
und deine Macht rühmen den ganzen Tag.

Ohne Unterlaß
will ich lobpreisen deinen Namen
und von deiner Herrlichkeit erzählen
unter den Menschen,
und über deine reiche Güte bin ich froh.

Und ich weiß,
daß dein Wort fest steht,
daß du gerecht und barmherzig handelst,
daß du alles bedenkst in deiner Ordnung,
daß du alles vermagst in deiner Macht,
daß du sehr herrlich bist.
Wenn du zürnst, bedeutet das ein Strafgericht.
Wenn du gütig bist, bedeutet das reiche Vergebung.
Und wenn du dich erbarmst, gilt es all denen,
die du erwählt hast.

Denn du hast sie erfahren lassen
deine feste Ordnung,

und deine verborgenen Wunder
hast du ihnen kundgetan,
und um deiner Herrlichkeit willen
hast du den Menschen von Sünde befreit.

So soll er dein heiliges Eigentum sein
und sich trennen deinetwegen
von allen unheiligen Freveln
und von Unrecht und Schuld.

So soll er eins sein mit deinen Getreuen
und vereint mit deinen heiligen Engeln.
So erhebst du aus dem Staub den Totenwurm
in die unvergängliche Gemeinde,
und aus seinem verdrehten Denken
erhebst du ihn zum rechten Verstehen bei dir.

So soll er hintreten vor dich
mit den unvergänglichen Heerscharen
und mit den Engeln, die alles wissen,
damit er neu geschaffen wird mit aller Kreatur
und mit den Mächten, die alles wissen,
auf daß sie in den gemeinsamen Jubel einstimmen.

Ich will dich loben, mein Gott,
ich will dich erheben, mein Fels.
Denn du hast mich erfahren lassen
deine feste Ordnung
und hast deine Wundertaten mir geoffenbart,
und ich erkenne, daß du gerecht bist
und barmherzig und gnädig,
und wenn du dich nicht erbarmst,
droht Vernichtung.
Doch es tut sich eine Quelle auf,
aus der mir Traurigkeit und Bitternis fließen
und große Mühsal.
Denn ich weiß jetzt, worauf des Menschen Trachten geht
und daß er zurückkehrt zum Staub
durch Sünde und Kummer und Schuld.

Und diese kommen in mein Herz
und berühren meine Seele,
und Kummer nagt an mir,
und mein Seufzen begleitet die Zither der Klage,
und es gibt nur Trauer
und bitteres Jammern,
bis der Frevel ein Ende hat
und keine Strafe mehr krank macht.

Und dann will ich singen
zur Zither der Befreiung
und zur Harfe der Freude
und zur Flöte des Lobes ohne Ende.

Und welches von all deinen Werken
könnte deine wunderbaren Taten erzählen?
In aller Mund wird dein Name gelobt
für alle Zeit.
Sie preisen dich, wie sie es verstehen,
vereint lassen sie dein Lob erklingen
mit Jubeln.

Und es gibt keinen Kummer mehr,
kein Seufzen und kein Unrecht,
und deine Treue strahlt auf
zu immerwährender Herrlichkeit
und zu einem Frieden für alle Zeit.

Gelobt bist du, mein Herr,
denn du hast gemacht, daß ich, dein Sklave,
deine wunderbaren Taten verstehe und begreife.
Von deiner großen Gnade will ich erzählen.

Gelobt bist du, Gott.
Du bist barmherzig und gnädig.
Groß ist deine Macht
und stark deine Treue
und reich deine Gnade
in allem, was du tust.

Mache froh deinen Sklaven, sei treu
und gerecht und barmherzig
und mache mich rein.

Denn ich sehne mich nach deiner Güte
und hoffe auf deine Gnade.
Und deine Vergebung löst meinen brandenden Schmerz,
und in meinem Kummer tröstest du mich.
Denn ich habe gebaut auf dein Erbarmen.
Gelobt bist du, Herr, daß du solches getan
und Lobpreis gelegt in den Mund deines Sklaven
und daß ich flehen und dir antworten kann.
Sei gerecht und barmherzig.

Die »Entscheidungen«, von denen viele Hymnen sprechen, sind nicht nur richter-
liche Akte, sondern alle Dekrete und Weisungen im Regiment Gottes.[16]

4 Q 511, 52/54 /58/59;/55/57

Du, mein Gott, bist gnädig und barmherzig
und voller Langmut.
Du bist reich an Gnade und ein treues Fundament.
Für Adam und seine Kinder bist du reiner Quell,
reich an Herrlichkeit,
groß an Barmherzigkeit und Gerechtigkeit.
Du richtest die Taten all dessen, was ist,
und vergiltst, wenn wir dich lobpreisen.
Gelobt bist du, mein Gott, König der Herrlichkeit,
denn von dir kommen alle Entscheidungen,
von dir kommt die Ordnung
für alle, die dich fürchten.

So wie alle Kreaturen Gottes Ordnung einhalten, tut das auch der Mensch, indem er zu bestimmten Tageszeiten Gott lobt.[17]

1 QH12, 3-36 Lohse

Ich will rühmen deinen Namen
im Kreise derer, die dich fürchten,
will Lieder singen und beten,
will auf die Knie fallen und um Gnade flehen
ohne Unterlaß und allezeit,
wenn das Licht der Sonne hervorkommt
aus seiner Wohnstatt,
wenn ihr Lauf sich wendet
nach der Ordnung des Tages
und nach den Gesetzen der großen Sonnenleuchte,
ebenso wenn es Abend wird
und das Licht dahingeht,
bevor die Finsternis kommt,
die des Nachts herrscht.
Ich will Lieder singen und beten
in der Stunde, wenn es wieder Morgen wird
und die Finsternis zurückkehrt
in ihre Wohnstatt
und flieht vor dem Licht,
wenn die Nacht schwindet und der Tag anbricht.
Ohne Unterlaß will ich singen und beten
zu allen Stunden, da Zeit geboren wird,
zu den wichtigen Zeiten des Tages
und zu Beginn und Ende der Festzeiten
und zu den Zeiten der Vorherrschaft
des einen oder des anderen Himmelskörpers.
Diese Ordnung ist festgelegt
durch Gottes Wort
und bezeugt, was ist,
und sie wird bestehen ohne Ende.

Und außer ihr ist nichts und wird nichts sein.
Denn der Gott, der alles weiß, hat es so geordnet,
und es ist kein anderer neben ihm.

Und ich habe Klugheit erlangt
und dich erkannt, mein Gott,
durch den Geist, den du in mich gelegt hast.
Und durch deinen heiligen Geist
habe ich sichere Wahrheit gehört
über deine wunderbare Ordnung.

Du hast mir Erkenntnis aufgetan
über dein verborgenes Wissen
und den Ursprung deiner Macht,
daß ich all deine Geheimnisse verstehe.

Wenn die Zeit für deine Herrlichkeit gekommen ist,
werden sie sich freuen,
und je größer ihre Einsicht,
um so näher kommen sie zu dir.
Und je nach ihrem Auftrag leisten sie Dienst vor dir
jeder an seinem Platz.
Sie übertreten nicht dein Wort.

Und ich bin vom Staub genommen
und aus Lehm geformt.
Ich wurde zu einer Quelle der Unreinheit,
bin ehrlos und voll Schande,
ein Häuflein Staub und mit Wasser geknetet.
In mir wohnt Finsternis.
Und zurückkehren zum Staub
muß ich, Gebilde aus Lehm, zu meiner Zeit,
wenn ich zu Staub werde, aus dem ich genommen bin.

Und was soll Staub erwidern
und wie soll er begreifen, was er getan?
Und wie soll er hintreten vor den,
der ihn zur Rechenschaft zieht?

Mir bleibt nichts,
als zu erzählen von all deiner Herrlichkeit
und hinzutreten vor dein Zorngesicht,
und nichts kann ich erwidern
auf deine Vorhaltung.

Denn du bist im Recht,
und keiner besteht vor dir.
Und was ist der Mensch?
Er kehrt zurück zum Staub.

Und ich habe keine Worte,
und was soll ich sagen zu alledem?

So wie ich begreifen kann,
habe ich geredet,
ein Gebilde aus Lehm.
Und was kann ich sagen, ohne daß du mir den Mund öffnest?
Und wie kann ich verstehen, ohne daß du mich belehrst?
Und was soll ich sagen, ohne daß du mir das Herz auftust?
Und wie soll ich gerade gehen, ohne daß du meine Schritte lenkst?

Die »Geheimnisse« Gottes sind immer wieder Gegenstand der Psalmen, denn sie bedeuten, daß es mehr gibt und daß mehr zu erwarten ist als das nur Sichtbare.[18]

4Q 511, 2 Kol 2

Die Geheimnisse Gottes, wer versteht sie?
Der Herr der Mächte hat sie bestimmt.

*Der große Abstand zwischen Gott und Mensch wird durch zwei Gaben Gottes über-
wunden: durch sein Erbarmen, mit dem er den Menschen gerecht macht (vgl. Römerbrief 3,31–26), und durch seinen heiligen Geist, durch den der Mensch weiß, wie
barmherzig Gott ist. Daher kann man sich im Psalm dafür bedanken.*[19]

1 QH 13, 1-21   Lohse

Herr, deine Herrlichkeit
besteht von Anbeginn und für immer.
Wunderbar ist, was verborgen ist bei dir.
All deine Werke,
das Heer deiner Engel und der Engel der Gemeinde,
die Erde und alles, was sie hervorbringt
in den Meeren und in den Fluten der Tiefe,
hast du geschaffen von Anbeginn.
Sie erzählen von deiner Herrlichkeit
überall, wo du Herr bist.
Und du wirst Neues schaffen
und das Alte auflösen
und etwas Unvergängliches errichten.
Denn du bleibst.

Und in deinem verborgenen Wissen
hast du all dies geordnet,
um deine Herrlichkeit kundzutun,
daß jeder Geist der Kreatur
all dies wahrnehme und verstehe.

Und was ist der von einer Frau geborene Mensch
unter all deinen wunderbaren Werken?
Er ist aus Staub und mit Wasser geknetet,
sein Planen nimmt ein schmähliches Ende,
und ein verdrehter Geist herrscht in ihm.

Nur wenn du gütig bist,
kann ein Mensch Gerechtigkeit erlangen,
und wenn du dich reichlich erbarmst.

Mit deiner Hoheit machst du ihn herrlich
und schenkst ihm reichlich Glück und Frieden
immerdar und für alle Tage,
denn deine Verheißung bleibt nicht unerfüllt.

Und ich, dein Sklave, weiß,
dank des Geistes, den du mir gegeben:
Gerecht und barmherzig sind alle deine Werke,
und deine Verheißung bleibt nicht unerfüllt.

Die Aufforderung an alle Kreatur, Gott zu loben, kennt auch schon der alttestament-
liche Psalter. »Abbadon« ist der Fürst der Unterwelt; sein Name findet sich sonst
nur noch in Offenbarung 9,11.[20]

4 Q 504,1-2 Kol 7

Lobt seinen heiligen Namen ohne Unterlaß,
alle Engel des heiligen Firmaments
und die anderen Himmelswesen,
die Erde und alle, die Verstand haben,
der tiefe Abgrund und Abaddon,
die Gewässer und alle, die in ihnen sind,
all seine Kreatur, ohne Unterlaß,
für alle Zeit. Amen, Amen.

In diesem Psalm geht es um die Konsequenzen der Zugehörigkeit zu Gott. Der Kampf gegen die Ungerechten bedeutet nicht Streitlust, sondern Aufheben der Beziehungen und sozialen Verflechtungen, die Fähigkeit, Distanz zu wahren und nein zu sagen.[21]

1 QH 14,1-28 Lohse

Ich will dich, Herr, lobpreisen,
denn du schenkst Einsicht dem Herzen deines Sklaven,
daß ich mich fernhalte von den schlechten Taten,
daß ich lobpreise, was du liebst,
und meide, was du hassest.
Denn du scheidest zwischen Guten und Bösen,
je nach dem Geist, der in ihnen wohnt.
Und ich weiß, belehrt durch dich,
daß du mich durch deinen heiligen Geist
geführt hast zur Einsicht.

Und je näher ich dir komme,
um so mehr kämpfe ich gegen alle, die Böses tun,
und gegen die ungerechten Männer.
Denn alle, die dir nah sind, folgen deinen Worten,
und alle, die dich kennen,
vermeiden es, deine Weisung zu ändern.
Denn du bist barmherzig und gerecht,
und alle, die du erwählt hast, bleiben.
Und alle Schuld und alles Böse
wirst du auf immer vernichten,
und deine Barmherzigkeit und Gerechtigkeit wird offenbar
vor den Augen dessen, was du geschaffen hast.
Und durch deine reiche Güte bin ich zu der Einsicht gekommen
und habe ich geschworen, nicht gegen dich zu sündigen
und nichts zu tun von allem, was in deinen Augen böse ist.
So bin ich eingetreten in die Gemeinschaft meiner Genossen.

Denn je mehr jemand versteht,
um so näher kann er mir kommen,
und je mehr er teilhat an Erkenntnis,
um so mehr liebe ich ihn.
Und einen Bösen nehme ich nicht an,

und die Ungerechten können mich nicht bestechen.
Ich tausche deine Treue nicht gegen Besitz
und deine Herrschaft nicht gegen Bestechung.
Sondern jeden, den du eintreten läßt, liebe ich,
und jeden, den du fortschickst, verabscheue ich.

Ich will dich, Herr, lobpreisen,
denn deine Macht ist groß,
und zahlreich sind deine wunderbaren Taten
immerdar.
Und du vergibst denen, die von der Sünde umkehren,
und strafst die Schuld der Bösen.
Unrecht hassest du für immer.
Und ich, dein Sklave, habe deine Gnade erfahren,
weil du mir den Geist der Erkenntnis gabst,
zu verabscheuen jeden Weg des Bösen,
und ich bin bereit, dich zu lieben
von ganzem Herzen.

Das Fragment weist auf die Bedeutung der Versammlung der Gerechten für das Gotteslob.[22]

11 Q Ps b Fragment f

Lobt Gott, denn er ist gütig, und für immer bleibt seine Gnade.
Eine Stimme des Jubels und des Heils ertönt, wo die Gerechten sind.
Die Rechte Gottes handelt mächtig,
die Rechte Gottes ist hocherhoben.

Tafel 5: *Blick auf Jericho*

Tafel 6: *Eine Frau aus Jericho*

Gott schenkt dem schwachen Menschen seine Herrlichkeit, und das ist wichtiger als Besitz. Hier wird mit einem Lösegeld für die Sünden des Menschen nicht gerechnet – im Unterschied zu Markus 10,45, der also einen außerordentlichen, schlechthin unerwartbaren Vorgang schildert.[23]

1 QH 15, 10-25 Lohse

Ich bin bereit, dich zu lieben
von ganzem Herzen und mit ganzer Seele.
Ich falle nicht ab von allem, was du befohlen hast.
Weil du mich belehrt hast, weiß ich,
daß die menschliche Kreatur ihren Weg nicht in der Hand hat.
Der Mensch kann seinen Schritt nicht lenken.
Und ich weiß, daß in deiner Hand alles liegt, was wir ersinnen.
Denn du hast es bestimmt, bevor du uns erschufst.
Und wie könnte jemand dein Schöpfungswort ändern?

Allein du hast einen als gerecht geschaffen,
und vom Mutterleib an hast du ihn bestimmt für die Zeit, wann du willst.
Du bewahrst ihn in deinem Bund,
und er soll sich an alle Gebote halten,
und du tust Großes an ihm
in deinem reichen Erbarmen.
Und jede Not, die ihn trifft, löst du auf.
So befreist du ihn allezeit
und schenkst Frieden für immer,
und es fehlt an nichts.
Und du schenkst ihm, der Fleisch ist, Herrlichkeit.

Doch die Ungerechten hast du geschaffen
für die Zeit deines Zorngerichts,
und vom Mutterleib an hast du sie
ausgesondert für den Tag des Gemetzels.
Denn sie gehen einen Weg, der nicht gut ist,
und sie lehnen deinen Bund ab.
Und sie wehren sich gegen deine Treue,
und sie wollen all das nicht, was du gebietest,
und sie wählen für sich das aus, was du hassest.

Du hast sie bestimmt
für ein großes Strafgericht
vor den Augen aller deiner Kreatur,
daß sie zum Zeichen werden,
damit alle erfahren deine Herrlichkeit
und deine große Macht.
Denn was ist der schwache Mensch,
daß er etwas verstehen könnte?
Staub ist er und kann seinen Schritt nicht lenken.
Du hast den Geist geformt und hast bestimmt, was er tut,
und du stehst am Anfang des Weges alles Lebendigen.
Und ich weiß, daß aller Besitz nicht zu vergleichen ist
mit deiner Wahrheit.
Und ich weiß, daß du einige Menschen erwählt hast aus allen,
die dir für immer dienen.
Und für die ungerechten Taten nimmst du kein Lösegeld an.
Denn du bist der unvergängliche Gott,
und alles Unrecht vergeht vor dir.

Wie bei Paulus verleiht der Geist Gottes die Möglichkeit, Gottes Willen zu tun.
Denn Gott lenkt so den Sinn des Gerechten.[24]

1 QH 16,2-19 Lohse

Herr, du willst,
daß ich mich stärke durch deinen heiligen Geist,
daß ich mich halte an deinen treuen Bund,
daß ich dir Sklavendienst leiste, treu und mit ungeteiltem Herzen,
und daß ich deinen Namen liebe.

Gelobt bist du, mein Gott,
du bist groß, wenn du deine Ordnung beschließt,
du bist mächtig, wenn du handelst,
du hast alles geschaffen.
Und jetzt hast du gnädig an mir gehandelt, mir deine Gnade erwiesen
und deine Huld gezeigt aus Erbarmen.
Du bist barmherzig und gerecht,
denn du hast all dies getan.
Und ich weiß, daß du den Sinn des Gerechten lenkst.
So habe ich mich entschieden,
meine Hände rein zu machen, wie du es willst.
Und da ich dein Sklave bin,
meide ich alles Handeln, das Sünde ist.
Ich weiß, daß kein Mensch gerecht ist ohne dich.
Und in der Kraft des Geistes, den du mir gegeben,
will ich dich anflehen,
daß du vollendest,
was du deinem Sklaven an Gnade erweist
für alle Zeit.
Denn du reinigst mich durch deinen heiligen Geist
und führst mich zu dir,
wie du es willst und wie du es voll Gnade beschlossen hast,
an den Ort, den du bestimmt und erwählt hast für solche,
die dich lieben und deine Gebote halten.
Du bist barmherzig und voller Langmut,
du bist gnädig und treu und vergibst die Sünde,
du hast Mitleid mit denen, die deine Gebote befolgen,
die umkehren zu dir in Treue
und mit ganzem Herzen.

Sie dienen dir
und tun, was gut ist in deinen Augen.
Weise nicht ab das Antlitz deines Sklaven,
der angewiesen ist auf deine Treue.

Gott hat dem Psalmisten schon seinen heiligen Geist geschenkt, daß er ihn loben kann. Die Bitte um Beseitigung der Schuld zielt darauf, die Herrlichkeit Adams wieder zu erneuern. Im Gegensatz dazu tritt bei Paulus der »neue« Adam konkret in der Gestalt des erhöhten Christus auf (1 Korinther 15).[25]

1 QH 17, 15 - 28   Lohse

Herr, du hast durch Mose verheißen,
Frevel zu vergeben, Schuld und Sünde zu sühnen,
alle Schuld fortzuwerfen
und den Menschen Anteil zu geben
an der Herrlichkeit Adams,
wenn du die Menschen neu machst,
wenn die Zeit vollendet ist.

Ich will dich, Herr, lobpreisen.
Denn du hast in mein Herz gelegt die Fülle des Geistes.
Ich will dir Antwort geben mit meinem Mund,
ich will erzählen, was du gerecht und barmherzig tust
und daß du voller Langmut bist.
Ich will aufzählen die Werke deiner mächtigen Hand,
daß du schon denen, die vor uns waren,
ihre Sünden vergeben hast.

Und ich will bitten und flehen
ob meiner verkehrten Werke und meiner Schuld.
Denn ich habe dich mit Dreck besudelt.
Bei dir sind Barmherzigkeit und Gerechtigkeit,
und deinen Namen will ich rühmen für alle Zeit.
Die Feinde der Gerechtigkeit sollen vergehen.

Ich erkenne, daß du den Weg richtest für den,
den du erwählst,
und ihn deine Weisung begreifen läßt,
daß er nicht sündigt an dir.
So ist er demütig,
wenn du ihn zurechtweist.
So bewahrst du deinen Sklaven,
daß er nicht sündigt an dir
und sich nicht vergeht wider die Worte,
die deinen Willen künden.
Er richtet sich nach allem, was du liebst,
und verwirft alles, was du hassest.
Er tut, was gut ist in deinen Augen.
Ich will dich, Herr, lobpreisen.
Denn du hast deinen heiligen Geist
auf deinen Sklaven gelegt.

Der Psalmist hat Erbarmen bei Gott gefunden und wird dadurch zum Verkündiger der Frohbotschaft bei anderen. So wird der Erleuchtete zum Licht.[26]

Dein Licht erlischt nicht,
und bei dir ist es hell.
Du läßt mich leuchten vor aller Augen.
Du führst mich mit deiner starken Hand,
und dein Name wird als mächtig erwiesen
durch deine Herrlichkeit.
Nimm deine Hand nicht fort,
damit Hilfe sei für den,
der sich an deinen Bund hält.
Durch die Worte deines Sklaven
hast du eine Quelle aufgetan,
und in meine Rede hast du eingezeichnet
deine Regel.
So soll ich aller Kreatur künden
von dem, was ich begreifen konnte,
und Dolmetscher sein
für diese Einsicht
bei denen, die Staub sind wie ich,
um dem, der ein Gebilde aus Lehm ist,
wieder zu zeigen seinen Weg
und den Ausweg aus der Sünde zu weisen
dem, der von einer Frau geboren,
einen Ausweg aus seinen Taten.
Ich soll auftun die Quelle deiner Treue
für die Kreatur, die du trägst mit deiner Kraft.
Ich soll den Gebeugten die frohe Botschaft verkündigen,
daß du dich reichlich erbarmst.
Ich soll zu trinken geben aus der Quelle
denen, deren Seele Not leidet,
und zu immerwährender Freude führen
jene, die trauern.
Aber ich bin nur ein Mensch.
Wie soll ich sehen können, ohne daß du meine Augen öffnest?
Und wie soll ich hören, ohne daß du mir die Ohren auftust?

Mein Herz ist voll Angst.
Denn obwohl ich unfolgsam war,
hast du mir dein Wort geoffenbart,
und ich weiß, daß du dies nur für dich getan hast, mein Gott.
Denn was ist schon eine schwache Kreatur?
Doch wie du es zuvor bedacht hast,
vollbringst du lauter große Dinge,
damit sie da sind
zu deiner Herrlichkeit.
Du hast befohlen einem Heer von Engeln, die alles wissen,
daß sie der schwachen Kreatur erzählen
von deinen großen Taten
und den Menschen, die von Frauen geboren,
kundtun deine Ordnung.
Aber ich bin ein Gebilde aus Lehm
und hatte ein Herz nur aus Stein.
Was hätte man von mir schon erwarten können bis jetzt?
Doch du sagtest dein Wort dem, der nur Staub ist,
und dem Herz aus Stein gabst du ein,
was unvergänglich ist.
So ziehst du Menschen in den Bund mit dir,
daß sie dort stehen, wo Unvergänglichkeit ist,
daß sie Licht sind, erleuchtet für alle Zeit.

Wie bei den Exorzismen, so ist auch hier die Weisheit nicht Theorie, sondern äußert sich als Vollmacht. Der Beter kann schon die künftige Befreiung bejubeln.[27]

4 Q 511, 10

Dies sind Lobpreisungen für den König der Herrlichkeit
und Worte für Psalmengesang
für den Gott, der alles versteht.
Er spendet Glanz allen Mächten,
er ist Gott der Götter,
Herr aller Heiligen,
Herrscher über alle Mächtigen,
und im Angesicht seiner Macht
erschrecken alle und zerstreuen sich
und ergreifen die Flucht
vor dem glänzenden Palast deines herrlichen Königtums.

Und ich bin ein Weiser,
der zu Gehör bringt deine wunderbare Herrlichkeit,
um das Fürchten zu lehren und zu schrecken
alle Geister und Engel des Verderbens
und die Geister der Bastarde,
Dämonen, Lilith, Eulen und wilde Katzen.
Und wenn sie unvermutet einfallen
und plötzlich Angst und Schrecken verbreiten,
um den Verstand in die Irre zu führen,
möge ihr Herz verdorren.
Unter der Herrschaft des Bösen
werden manche abtrünnig und triumphieren über die Kinder des Lichts,
wenn die Bosheit der Heiden Ungerechtigkeit schafft.
Doch sie triumphieren nicht für immer,
sondern nur, bis die Schuld abgebüßt ist.
Jubelt, ihr Gerechten, dem wunderbaren Gott.

Alle, die den vollkommenen Weg gehen, sollen ihn loben
auf der Zither der Befreiung;
ihren Mund sollen auftun, um zu preisen
die Barmherzigkeit Gottes, alle, die sein Manna suchen.
Heil komme uns von Gott,
der seine Gnade bewahrt in Treue für alles, was er geschaffen hat,

und der gerecht regiert auch über die, die unvergänglich sind.
Er richtet im Rat der Götter und Menschen.
In den Höhen des Himmels gilt sein Regiment,
und überall unten auf der Erde
werden Gottes Entscheidungen gepriesen.

Herrlichkeit Gottes hat ihren Widerschein in dem, der die Botschaft versteht und annimmt (vgl. 2 Korinther 4,6). Gott ist der Befreier von der Macht der bösen Geister. Ähnlich sieht auch das frühe Christentum die Erlösung in Exorzismen oder Besiegung der Geistermächte.[28]

4 Q 511, 1

Die Engel, die ihm dienen,
loben ihn ohne Unterlaß, jeder zu seiner Zeit,
und die Meere und alle Lebewesen in ihnen
rühmen vernehmlich seine Herrlichkeit.
Dem barmherzigen und gerechten Gott jubeln sie zu,
sie jubeln über ihre Befreiung.
Denn an ihren Grenzen gibt es keinen, der sie vernichten will,
und die bösen Geister gehen nicht mehr um.
Denn wer alles versteht und seine Worte annimmt,
der ist ein Spiegel von Gottes Herrlichkeit,
und die Ungerechten sind machtlos.

Gott wohnt bei den Engeln – aber auch das Volk Israel gehört zu seinem Thron.
Diese Zugehörigkeit äußert sich in der Einhaltung von Festen und Kalender.[29]

4 Q 511

Lied des Weisen

Rühmt ihn, alle, die ihr verständig seid,
er ist das Haupt der himmlischen Mächte.
Er hat bereitet ewiges Leben, um ein Licht leuchten zu lassen.
Sein Erbteil sind die Besten in Jakob.
Sie bewahren den Weg Gottes und den Pfad seiner Heiligkeit
für die Heiligen seines Volkes.
Gottes ist die Einsicht.
Er hat Israel eingeteilt in zwölf Heerlager, die heilig für ihn sind.
Gott wohnt bei den Engeln seiner herrlichen Himmelsleuchten,
seinem Namen ertönt das Lob
je nach den Festen des Jahres
und wie es die Führung der Gemeinschaft bestimmt
und je nach Kalender,
wie es seiner Herrlichkeit gebührt
und wie man ihm dient
im Volk, das zu seinem Thron gehört.

Dieser Text ist wichtig, weil er den Akt der Rechtfertigung schildert: Der Gerechte wird für gerecht erklärt, indem ihm Frieden zugesprochen und seine Zugehörigkeit zum Bund anerkannt wird. Von daher wird der Friedensgruß zu Beginn der Briefe des frühen Christentums in seiner ganzen Tragweite verständlich. Denn mit ihm werden Menschen im Namen Gottes für gerecht erklärt.[30]

4 Q 511, 63   Kol 3

Und ich jubele deiner Gerechtigkeit zu,
denn du hast meinen Mund aufgetan.
Auf meine Lippen hast du gelegt einen Quell des Lobes
und in mein Herz die maßgebende Ordnung
für alles Tun des Menschen
und für die Beschneidung der Taten derer,
die den vollkommenen Weg gehen,
und auch die Regeln für allen Dienst, den sie leisten,
um dann für gerecht zu erklären den Gerechten
nach deiner Treue
und für schuldig zu erklären den Schuldigen
aufgrund seiner Vergehen
und zu rufen:
»Friede allen Menschen des Bundes!«
und den Unheilsruf auszustoßen:
»Wehe all denen, die ihn brechen!«

Loben sollen dich alle deine Werke immerdar.
Und gelobt ist dein Name für alle Zeit immerdar.
Amen. Amen.

Noch nicht einmal das von Gott Geschaffene kann man erfassen, um wieviel weniger seinen Geist. Ähnlich in Johannesevangelium 3: Vom Wind weiß man nicht, woher er kommt und wohin er geht, ebenso wenig kann man den Geist Gottes erfassen, aus dem die Gemeinde geboren wird. Das Siegel Gottes verschließt – einem Kanaldeckel vergleichbar – die Abgründe und bewahrt so die Stabilität des Endlichen.[31]

4 Q 511,30

Und sie sind tief, die Himmel und die Himmel über den Himmeln,
die Schluchten und die Abgründe der Erde.
Du, mein Gott, hast ein Siegel auf sie alle gelegt,
und es gibt keinen, der es öffnet.
Gibt es einen, der mit einer hohlen Menschenhand messen könnte
die Wasser der großen Tiefe?
Kann man mit einer Spanne das Ausmaß des Himmels erfassen?
Wer kann mit dem Drittel eines Maßes allen Staub der Erde einfangen?
Wer kann mit einer Silbermünze die Berge aufwiegen
und mit einer Waage das Gewicht der Hügel bestimmen?
Das tut kein Mensch.
Wie könnte einer also erfassen
das Maß von Gottes Geist?

Den Ungerechten stehen die Glieder von Gottes heiligem Bund schroff gegenüber.
»Zeigen«, »Worte«, »aufschreiben« und »verstehen« sind Hinweise darauf, daß sich
die Gemeinde weniger durch ihre Geschichte als durch ihr Bekenntnis von den ande-
ren unterscheidet.[32]

1 Q 34 bis 3,2

Das Menschengeschlecht verkennt all das,
was du ihm als Erbe gegeben hast,
und die Menschen erkennen dich nicht
trotz all deiner Worte.
Sie handeln ungerechter als alle Kreatur,
und sie handeln gottlos gegeneinander,
einer wider den anderen,
und sie mißachten deine große Macht.

Daher wirst du sie verwerfen,
denn du liebst das Unrecht nicht,
und der Ungerechte hat keinen Bestand vor dir.
Aber du hast erwählt ein Volk, wie und wann du wolltest,
denn du hast dich deines Bundes erinnert,
und du hast dein Volk dazu bestimmt,
getrennt zu sein von allen Völkern
wie etwas Heiliges,
und du hast erneuert deinen Bund für dein Volk,
indem du ihm deine Herrlichkeit gezeigt hast
und durch die Worte deines heiligen Geistes
und die Werke deiner Hände.
Und deine Rechte hat es ihnen aufgeschrieben,
daß sie verstehen die herrlichen Ordnungen
und die ewigen Werke,
du guter Hirte.

*Die Sühnung der Schuld geschieht durch die demütige Einwilligung in Gottes Straf-
handeln, die der Psalm hörbar werden läßt. Die Befreiung des Volkes, um die dann
gebeten wird, ist die Rückführung aus dem Exil.*[33]

4 Q 504, 1-2 Kol 6

Herr, du hast uns befreit von all unserer Schuld,
und du hast uns gereinigt von unserer Sünde
um deinetwillen.
Bei dir, Herr, ist Barmherzigkeit und Gerechtigkeit.
Du hast all dieses getan; auch jetzt an diesem Tag,
an dem sich unser Herz demütig macht,
dürfen wir sühnen unsere Schuld
und die Schuld unserer Väter
mitsamt unserer Treulosigkeit
und unserem Ungehorsam.

Und wir nehmen an deine Prüfung
und deine Schläge,
und wir brechen nicht deinen Bund,
indem wir uns wehren,
trotz aller Bedrängnis unserer Seelen.
Denn du hast unsere Feinde zurückgeschickt.
Du hast uns das Herz gestärkt,
und deswegen erzählen wir
deine wunderbaren Taten den Geschlechtern immerdar.
Herr, wie du getan hast Wunderbares
von jeher und allezeit,
wende ab deinen Zorn und deine Wut von uns,
sieh auf unsere Not, Mühsal, Qual
und befreie dein Volk Israel
aus allen Ländern, nah und fern,
wohin du sie verbannt hast.
Jeder, der verzeichnet ist im Buch des Lebens,
soll dir dienen und danken deinem heiligen Namen.

Den Heidenvölkern ist mit der Verwüstung ihres Landes als Strafe für ihren Götzendienst Ähnliches widerfahren wie Israel. Die Rückkehr Israels aus dem Exil setzt eine Rückkehr zu Gott voraus. Sie wird Wirklichkeit durch den Psalmengesang selbst, denn er ist vom heiligen Geist eingegeben und ist als Sündenbekenntnis konkrete Umkehr zu Gott. Insofern wird mit dem Psalm selbst untrüglich die Rückkehr aus der Verbannung eingeleitet.[34]

4Q 504, 1-2 Kol 5

Sie haben verloren die Quelle lebendigen Wassers.
Sie haben einem fremden Gott gedient in ihrem Land.
Aber auch ihr Land wurde verwüstet,
ihren Feinden preisgegeben.
Denn dein Zorn
und der Brand deiner Empörung
und das Feuer deiner Wut
haben es zur Wüste gemacht, wo keiner mehr wohnt.
Bei alledem hast du nicht verstoßen
das Geschlecht Jakobs,
und du hast Israel nicht verworfen.
Und es kam nicht so weit,
daß du deinen Bund mit ihnen gebrochen hättest.
Denn du bist der lebendige Gott, du allein,
und es gibt keinen anderen als dich.
Und du gedenkst deines Bundes.
Du führst uns heraus vor den Augen der Völker
und läßt uns nicht unter den Völkern.
Und du hast gnädig gehandelt an deinem Volk Israel
in allen Ländern, wohin du es verbannt hast,
damit es wieder zu seinem Herzen findet
und zurückkehrt zu dir und hört auf deine Stimme,
so wie du geboten hast durch deinen Sklaven Mose.
Denn du hast ausgegossen deinen heiligen Geist
auf uns, auf daß wir dich lobpreisen
und dich suchen in unserer Bedrängnis
und beten, wenn wir bedrängt sind durch deine Strafe.
Und wir werden von neuem in Not kommen,
und Plagen und Prüfungen werden uns bedrängen,
weil du zornig bist.
Wir haben durch unsere Ungerechtigkeit Gott belästigt.

Wir haben gemeint, unsere Sünde sei Dienst an Gott, dem Fels.
Doch du hast uns nicht wie Sklaven gezwungen,
unsere Wege aufzugeben für den Weg,
den wir nach deinem Willen gehen sollen.
Wir haben nicht auf deine Gebote geachtet.

Auch Gottes Zorn wird hier in die Erwählung Israels zu Gottes Sohn einbezogen. Daß Mose und die Propheten es aufgeschrieben haben, ist ein Argument des Beters vor Gott. Schriftlichkeit bedeutet Sicherheit und Gewißheit.[35]

4 Q 504, 1-2 Kol 3

Alle Völker sind wie nichts vor dir.
Denn als leer und als Nichts werden sie geachtet vor dir.
Nur wir rufen deinen Namen an,
und für uns hast du geschaffen deine Herrlichkeit,
und zu deinen Kindern hast du uns gemacht
vor den Augen aller Völker.
Denn du hast Israel genannt »meinen erstgeborenen Sohn«,
und du hast uns gezüchtigt, wie ein Mensch sein Kind züchtigt,
in allen unseren Generationen.
Und du hast uns groß gemacht
und hältst von uns fern Krankheit, Hunger, Pest
und bewahrst deinen Bund.
Denn uns hast du erwählt zu deinem Volk
vor der ganzen Erde,
und du hast ausgegossen auf uns
deinen Zorn, deine Wut und die Glut deiner Empörung,
und du hältst doch fest an deinem Kind.
Mose und deine Sklaven, die Propheten,
haben es aufgeschrieben.

Tafel 7: *Wadi zum Toten Meer*

Tafel 8: *Altstadtmauer von Jerusalem*

Dieser Psalm ist darin messianisch, daß er ein künftiges Regieren eines Sohnes Davids in Jerusalem erwartet. Dann wird Israel von allen geehrt sein – die Kehrseite der bitteren Gegenwart. Wichtig ist auch, daß es keinen Satan gibt.[36]

4 Q 504, 1-2 Kol 4

Deine Wohnstatt und Ruhe ist in Jerusalem,
der Stadt, die du erwählt hast aus der ganzen Erde,
daß dein Name dort wohne für alle Zeit.
Denn du hast Israel geliebt mehr als alle Völker
und den Stamm Juda erwählt,
und du hast deinen Bund errichtet für David,
daß er Hirte sei, Führer deines Volkes.
Und er wird sitzen auf dem Thron Israels
vor deinem Angesicht alle Tage.
Und alle Völker sehen deine Herrlichkeit,
denn du heiligst dein Volk Israel.
Und deinem großen Namen bringen sie Opfer:
Gold, Silber und kostbare Steine
und alle Kostbarkeiten ihrer Länder,
um zu ehren dein Volk
und Sion, deine heilige Stadt,
und dein herrliches Haus.
Und es gibt keinen Satan und kein Unglück,
sondern Frieden und Segen.
Und sie essen und werden satt und haben reichlich gehabt.

Die Adressaten des Sängers sind, ähnlich wie bei Jesus in Matthäus 11,25—28, die Einfältigen und Unverständigen. Der Psalm bietet einen andersartigen Schöpfungs- bericht: Gott hat mit einem Eid die Welt geschaffen, dadurch erhält sie ihre Stabili- tät. Die Öffnungen der Gewässer hat Gott (nach unten hin) verschlossen, damit sie nicht auslaufen. Der Kalender ist hier wichtig wegen der Früchte der verschiedenen Jahreszeiten.[37]

4 Q 381,1

Über die Taten Gottes sinne ich nach,
und dies ist für mich Belehrung.
Und die Einfältigen werden verstehen,
und die Unverständigen werden begreifen.
Wie mächtig ist Gott! Er schuf wunderbare Werke.
Mit einem Schwur hat er Himmel und Erde gemacht,
und durch ein Wort seines Mundes all ihre Heere.
Er schuf Wasserläufe und verschloß die Öffnungen von Flüssen,
Teichen und jedem Strudel.
Er schuf die Nacht, die Sterne und ihre Bahnen
und ließ sie leuchten.
Er schuf Bäume und jede Beere des Weinstocks
und alle Früchte des Feldes.
Und er schuf Adam mit seinem Weibe.
Durch seinen Atem richtete er sie auf,
damit sie regierten über alles auf der Erde.
Und er ordnete die Monate, die heiligen Feste und die Tage,
nach deren Ablauf wir die Früchte essen, die er hervorbringt.

Die große Wohltat Gottes ist, daß der Mensch Einsicht erlangt in Gottes Pläne, Ordnungen und Entscheidungen.[38]

Lied für den Lehrer. Er soll sich demütigen vor Gott und unablässig für seine Sünden flehen, die großen Werke Gottes begreifen und die Ungebildeten Gottes wunderbare Geheimnisse erkennen lassen, um alle Erweise seiner Gerechtigkeit zu erzählen und um hervorsprudeln zu lassen in den ewigen Fundamenten den Quell der Einsicht und um verständlich zu machen dem Menschen das Sinnen der Kreatur und die Machenschaften der bösen Geister, die auf den Wegen der Menschen gegangen sind.

Gelobt seist du, Herr,
denn Vergebung erlangt hat der Geist der Kreatur
in deiner Barmherzigkeit.
Und den Geist des Menschen stärkst du
durch deine große Macht,
durch den Reichtum deiner Gnade
und die Fülle deiner Güte
und deiner Langmut und deines Gerichts.
Deine reiche Vergebung ist grenzenlos.
Wer bestimmt ist, alle Einsicht zu begreifen,
wird alles erfassen:
die Geheimnisse der Vorsehung
und den Plan jedes Werkes, das du für ihn bereitet.
Denn heilig bist du seit jeher
von Ewigkeit und in Ewigkeit.
Du läßt mich eintreten
in die Gemeinde der Heiligen
durch deine Gnade,
und in deine wunderbaren Geheimnisse
hast du mich eingeweiht
um deiner Herrlichkeit willen:
Die Größe deiner Einsicht hast du mich verstehen lassen,
und die Quelle deines Wissens hast du mir aufgetan.
Herr, du hast enthüllt
die Wege der Treue
und die Werke des Bösen
und die Weisheit
und die Torheit.

Denn in einem gerechten Plan
hast du bestimmt, was sie tun.
Treue und Einsicht,
Ungerechtigkeit und Torheit
sind auf ihren Wegen gewandelt.
Und wenn du sie erlöst,
wird Überfluß sein für sie
an Barmherzigkeit und unvergänglicher Gnade
für alle Zeiten in Frieden.
Jedes Werk wirst du richten,
und du wirst vergelten jedem
nach seiner Entscheidung:
für das gute Werk ewige Herrlichkeit,
Glück und Freude immerdar,
aber Unglück und Qualen für das schlechte Werk.
Und du hast sie bestimmt seit jeher
und hast das Werk des Menschen erhöht bei ihnen,
auf daß sie deine Herrlichkeit erzählen
in deinem ganzen Reich.
Denn du hast ihnen gezeigt, was sie nie zuvor erblickten,
auf daß sie vernichten, was alt ist,
und Neues schaffen,
auf daß sie die alte Wirklichkeit tilgen
und zu unvergänglichen Wesen
auferweckt werden.
Denn du hast sie geschaffen,
und du bist seit Ewigkeit.
In den Geheimnissen deiner Weisheit
birgst du alle Dinge.
Aber was ist der schwache Geist,
daß er begreifen könnte alle Dinge
und Einsicht hätte in die große Ordnung
deines wunderbaren Handelns?
Was ist der von einer Frau geborene Mensch
unter all deinen wunderbaren Werken?
Er ist ein Mauerwerk von Staub
und ein Gebilde, aus Wasser geknetet.

Sein Planen ist von Sünde betroffen,
ein jämmerlicher Schandfleck ist er und ein ehrloser Makel.
Und es herrscht der Geist der Verwirrung.
Weil er sündigt, wird er ein Zeichen für immer
und eine Warnung für Generationen,
eine ewige Schande als Kreatur.
Nur durch deine Güte
wird der Mensch gerecht,
und durch dein großes Erbarmen wird er rein.
In deinem Glanz läßt du ihn erstrahlen.
Und du setzt ihn in die Fülle der Freuden
mit ewigem Frieden und der Länge der Tage.
Denn du bist Verläßlichkeit,
und dein Wort kommt nicht leer zurück,
und deine Zeiten sind bestimmt für immer
für deine Heiligen.

Bemerkenswert an diesem erst kürzlich veröffentlichten Lied ist: Wer vor Gott tritt und dieses Lied singt, für den gelten schon die Gaben der Endzeit. Daß kein Dolmetscher mehr nötig ist, widerspricht in der Sache dem, was Paulus für die gegenwärtige Situation der Christen sagt. Denn sie brauchen vor Gottes Thron noch den Geist als Dolmetscher (Römer 8,26f.). Der Beter des Qumrantextes ist über diese Situation schon hinaus.[39]

4 Q 427, 7, 1-2

Mein Platz ist bei denen, die im Himmel sind.
Singt, geliebte Freunde,
singt dem König der Herrlichkeit!
Jubelt in der Gemeinde Gottes,
jauchzt in den Zelten des Heils
und lobpreist im heiligen Haus.
Spendet Ruhm miteinander,
vereint mit den unvergänglichen Heerscharen!
Erkennt die Größe unseres Gottes an
und die Herrlichkeit unseres Königs.
Macht heilig seinen Namen
mit kräftigem Gesang
und mächtigem Ton,
erhebt eure Stimmen als eine einzige
zu jeder Zeit,
laßt hören euren Jubel.

Jauchzt voll Freude immerdar
und ohne Unterlaß,
verneigt euch in der Versammlung der Gemeinde.

Lobt den, der wunderbar Großes tut,
der seine mächtige Hand erkennen läßt,
der Geheimnisse versiegelt
und Verborgenes offenbart,
der aufrichtet jene, die straucheln
und die hinfallen,

der die Schritte umkehrt
derer, die auf Erkenntnis hoffen,
und zu Fall bringt, die sich versammelt haben
in hartnäckigem Stolz,
der herrliche Geheimnisse stiftet voll Glanz
und Wunder schafft voll Herrlichkeit.
Lobt den, der richtet mit vernichtendem Zorn
und der sich euch zuwendet
in Gnade, Gerechtigkeit und reichem Erbarmen.

Die Unterdrückung weicht,
der Unterdrücker tritt ab, widerwillig,
der Betrug endet,
und es gibt keine heimlichen Verbrecher mehr.
Licht strahlt auf
und Freude strömt hervor,
Kummer vergeht und Jammern verstummt,
Frieden strahlt auf,
Schrecken endet.
Eine Quelle wird aufgetan für Segen ohne Ende
und für Heilung für alle Zeit in Ewigkeit.
Schuld hat ein Ende,
Pein vergeht,
es gibt keine Krankheit mehr,
Unrecht verschwindet,
und es gibt kein Vergehen mehr.

Laßt hören und sprecht so:
Groß ist Gott,
Wunderbares tut er.
Denn er bringt zu Fall den stolzen Geist,
und nichts bleibt übrig,
und den Armen hebt er empor aus dem Staub
zur Höhe, die nicht vergeht.
Und bis an die Wolken läßt er wachsen seine Gestalt,
auf daß er sei mit den Gottwesen
im Kreis der Gemeinde.
Die auf Erde straucheln, hebt er empor
als reines Geschenk,

und Kraft ist immer mit ihren Schritten
und ewige Freude,
in ihren Häusern bleibende Herrlichkeit,
und so wird es bleiben für alle Zeit.

Sie sollen sagen: Gelobt sei Gott, der große Wunder tut
und der wirkt mit Kraft, zu offenbaren seine Stärke,
und der handelt gerecht,
allen seinen Kreaturen zur Erkenntnis,
und der Güte walten läßt über ihrem Angesicht.
So erkennen sie seine große Gnade
und den Reichtum seines Erbarmens
gegenüber allen Kindern der Wahrheit.

Wir haben dich wahrgenommen, du gerechter Gott,
und wir haben deine Wahrheit verstanden, o König der Herrlichkeit.
Denn wir haben gesehen, wie du eiferst mit mächtigem Zorn,
und wir haben wahrgenommen, daß du richtest
mit reicher Gnade und wunderbarer Vergebung.
Was ist Fleisch angesichts dessen?
Wie kann man von Staub und Lehm erwarten,
daß sie dies alles ohne Unterlaß erzählen dürfen
und einen Platz vor dir einnehmen
und eintreten in die Gemeinschaft der Kinder des Himmels?
Du läßt nicht einen Dolmetscher antworten,
denn nach deinem Ratschluß
hast du uns dort hingestellt,
wo die Ungleichheit aufhört.
Wir haben mit dir gesprochen und nicht mit einem Vermittler,
und du neigtest dein Ohr, zu hören die Worte unseres Mundes.
Laßt hören und sagt:
Gelobt sei der Gott, der alles weiß,
der die Himmel ausbreitet in seiner Macht
und ihre Maße berechnet
und der gegründet hat die Erde in seiner Macht.

Die »Armen« sind in vielen Psalmen und Gebeten aus Qumrantexten die Erwählten Gottes und besonders Empfänger seiner Wohltaten. Im Hintergrund steht auch die Erfahrung, daß die Reichen durch geschäftsbedingte Kontakte mit der heidnischen Kultur dem Glauben der Väter entfremdet wurden. Beschneidung der Vorhaut der Herzen bedeutet innerliche Umkehr.[40]

4 Q 434. 436, Fragment 2

Lobe den Herrn, meine Seele,
für all seine wunderbaren Taten
immerdar,
und gelobt sei sein Name,
denn er rettet den Elenden,
und den Armen verachtet er nicht.
Er hat auch nicht vergessen die Not der Erniedrigten.
Er hat seine Augen geöffnet für die Erniedrigten
und hat genau gehört
auf das Schreien der Waisen.
In seiner großen Barmherzigkeit hat er
sich gnädig erwiesen den Armen
und hat ihre Augen aufgetan,
daß sie seine Wege sehen,
und ihre Ohren geöffnet,
daß sie seine Lehre hören.
Er hat beschnitten die Vorhaut ihrer Herzen
und sie befreit, weil er gnädig ist;
er hat ihren Fuß auf den rechten Weg gelenkt
und sie nicht verlassen in ihrer großen Not.
Er hat sie nicht in die Hand der Gewalttätigen gegeben
und sie nicht zusammen mit den Bösen gerichtet.
Er hat seinen Zorn nicht gegen sie entflammt
und sie nicht in seiner Wut vernichtet.
Und er richtete sie nicht in feurigem Eifer,
sondern im Reichtum seiner Gnade.
Mit seinen strengen Augen hat er sie geprüft.
In seiner großen Gnade trennte er sie von den Heidenvölkern,
und aus den Händen der Menschen befreite er sie.
Er richtete sie nicht unter der Menge der Völker
und verstreute sie nicht unter die Heiden,
sondern barg sie im Schatten seiner Flügel

und machte vor ihnen Finsternis zu Licht.
Und er offenbarte ihnen überreich
Frieden und Treue.
Er hat ihren Geist genau bemessen
und abgewogen ihre Worte
und ihren Gesang erklingen lassen wie Flötenspiel.
Er gab ihnen ein fröhliches Herz,
und sie hielten sich an den Weg seines Herzens,
auf den er sie führte.
Er sandte seinen Engel zum Schutz der Kinder Israels,
daß sie nicht umkämen im Land ihrer Feinde.

Wie im Neuen Testament, so wird auch hier – in Anwendung von Jesaja 61 – den Armen die frohe Botschaft verkündigt.[41]

1 QH 23, 13–16

Und du hast eine Quelle aufgetan,
zu weisen den Weg dem, der aus Lehm geformt ist,
und ans Licht zu bringen die sündigen Werke dessen,
der von einer Frau geboren wurde,
zu öffnen den Quell deiner Wahrheit
für das Gebilde, das du geformt mit deiner Kraft,
zu salben, wie du verheißen hast, den Verkündiger der frohen Botschaft,
und deine Güte zu erzählen
und die frohe Botschaft den Armen zu verkündigen
in deinem großen Erbarmen
und zu sättigen aus der Quelle der Erkenntnis
die betrübt sind und bedrängt in ihrem Herzen
zu immerwährender Freude.

Der Psalm fordert zum Lob auf und ist darin den Psalmen der Bibel verwandt. Doch die Anrede an Israel bleibt über den ganzen Text hin erhalten. So ist der Text ein schönes Beispiel für die Herkunft der Predigt aus der Aufforderung zum Gotteslob. Nur aus diesem Grund gehört die Predigt in den Gottesdienst.[42]

4 Q 416.418

Öffne deinen Mund, wie eine Quelle sprudelt,
und lobe die heiligen Engel.
Und du – lobpreise wie eine Quelle immerdar.
Denn er hat dich getrennt
von allem schwachen Geist.
Und du – trenne dich von allem, was er haßt,
und halte dich fern von jedem Greuel.
Er hat alles geschaffen,
und jedem Menschen weist er seinen Anteil zu.
Er setzte dich zur Herrschaft ein,
die er herrlich ausgestattet.
Und du – du hast dich geheiligt für ihn,
wie auch er dich zum Allerheiligsten machte.
Er bestimmte deine Rolle
und ließ deine Herrlichkeit sehr groß werden
und machte dich zu seinem Erstgeborenen
und sprach: »Meine Güte will ich dir schenken.«
Gehört dir also nicht seine Güte?
Und in seiner Treue wandle unablässig in all deinen Werken
und suche seinen Willen immerdar.
Liebe ihn, denn er ist gnädig für alle Zeit
und barmherzig zu allen, die sein Wort bewahren.
Einsicht hat er für dich aufgetan
und hat dich gesetzt über sein Lagerhaus
und den Wert genau bestimmt.
Und es liegt in deiner Hand,
Zorn abzuwenden von den Menschen,
denen du wohlgesonnen bist.
Denn du nimmst deinen Anteil aus den Händen
der Herrlichkeit seiner Heiligen.
Du und alle, die sein heiliger Name gerufen,
sollen sein eine unvergängliche Pflanzung,
ausgestattet mit der Fülle seines wunderbaren Glanzes.

Und aufgrund der Weisheit seiner Hand
hat er dich zur Herrschaft bestimmt,
und dein Wissen ist eine Vorratskammer für alle Menschen,
und daher kannst du bestimmen,
was unrein ist.
Du sollst reichlich gesättigt werden
mit Güte in Fülle und mit Weisheit für deine Hand.
Denn Gott hat bestimmt den Anteil für alles, was lebt,
und daran denken alle, die weisen Herzens sind.

Der Beter sagt hier auch etwas über den Aufbau der Lieder: Ein Dank für Gottes Wundertaten muß immer am Anfang stehen. Die Gemeinschaft des Bundes ist der Rahmen für die Übertragung der Rede vom Opfer auf das Singen.[43]

4 Q 511, 63-64, Kol 2

Ich rühme deinen Namen,
und zu den festen Zeiten meines Kalenders
will ich erzählen deine Wundertaten,
und sie sollen mir dienen
als Pfeiler für meine Lobeshymne
und stehen am Anfang jedes Dankliedes,
wenn ich, erfüllt von Wissen,
das Lobopfer des Gerechten bringe
und dienen will in treuer Gottesverehrung
mit allen Menschen des Bundes.

Wie schon im vorangehenden Psalm, so wird auch hier nicht Gott selbst gelobt, son-
dern Dinge, die er geschaffen. Das mindert nicht Gottes Ehre, sondern steigert sie.
Der Psalm bezeugt eindrücklich, was man alttestamentlich-jüdische Freude an der
Schöpfung nennen kann.[44]

4Q 286/287, Fragment 2   — Fragment 3

Wir wollen loben
das Land und die darin wohnen
und die es bewohnen;
die Erde und alles, was zu ihr gehört,
und all ihren Bestand,
und alle Berge, Täler und alle Ströme,
das schöne Land.
Wir wollen loben die tiefen Wälder
und die Wüste des Horeb
und alles, was wild ist,
und die Grundfesten der Inseln
und ihre Früchte,
alle Bergwälder und alle Libanonzedern,
neuen Wein und Öl
und alles, was wächst,
und alle Opfergaben des Landes
in den zwölf Monaten.

Die Gerechten sind solche,
die dein Königreich tragen
mitten unter den Völkern.
Sie sind reine Engel
mit unvergänglicher Einsicht,
die seinen herrlichen Namen preisen
immerdar.

Dieser Psalm gilt als einer der schönsten neu zugänglichen Qumrantexte. Die Vision des himmlischen Heiligtums wird nach Art einer Litanei beschrieben. Auch die »Gemeinde ohne Makel« gehört in diese himmlische Vision hinein (vgl. Hebräerbrief 12,22). Der Glanz der himmlischen Herrlichkeit bedeutet gleichzeitig die Ordnung der Welt und des Kalenders.[45]

4 Q 286/287, Fragment 1

Herr, bei dir sind
dein herrlicher Thronsitz
und der Fußschemel deiner Herrlichkeit
in der Höhe, wo du wohnst.
Dort ist das Heiligtum,
und dort sind die Thronwagen deiner Heiligkeit
mit ihren Heerscharen
und ihren Ophanim,
und dort sind all deine Geheimnisse:
Bauwerke aus Feuer,
Flammen deines Lichtes,
Glanz der Ehre,
Feuer aus Licht
und wunderbare Lichter;
Ruhm und Glanz,
Erhabenheit und Herrlichkeit,
heilige Ordnung,
Ort des Glanzes
und eine wunderbare, erhabene Quelle;
Hoheit
und Mittelpunkt der Macht,
Glanz und Lobpreis,
große Wunder und Heilungstaten
und wunderbare Werke;
weise Ordnung,
Sitz des Wissens,
Quell der Einsicht
und Quell der Klugheit;
heilige Weisung,
beständige Ordnung,
Schatz der Klugheit
für alle Gerechten,

Sitz der Rechtschaffenheit,
Fromme und Gemeinde ohne Makel;
wahrhaft Fromme
und immerwährend Barmherzige
und wunderbare Geheimnisse.
All dies wird sichtbar
und ist geordnet
nach heiligen Wochen,
nach Bündeln von Monaten,
in Abständen herrlicher Feste
zu bestimmten Zeiten
und nach Sabbaten für die Erde,
so wie sie verteilt sind,
und nach den festen Zeiten der Jubeljahre
und Jubeljahre für immer.

80

Tafel 9: *En Avdat*

Tafel 10: *Wasserleitung in Qumran*

Du aber erlöse uns

Bittgebete

Der Psalm ist eine einzige Bitte um Erbarmen. Die Hoffnung darauf beruht auf der Gelassenheit des Beters, der Gott für alles dankt, wozu er ihn gemacht hat. Ausdrücklich betont der Beter, er könne sich nicht auf gerechte Werke berufen.[46]

1 QH 7,6-25 Lohse

Ich will dich, Herr, lobpreisen,
denn du gibst mir Halt in deiner Kraft,
und deinen heiligen Geist
hast du auf mich ausgegossen,
damit ich nicht wanke.
Und du gibst mir Kraft
im Angesicht der Kämpfe, die aus dem Bösen entspringen.
Und du hast nicht zugelassen,
daß all ihre Greueltaten
mich abschreckten
von deinem Bund.
Und du hast mich wie einen starken Turm gemacht
und zu einer hohen Mauer.
Und du hast mein Haus auf Fels gesetzt,
Fundamente wie für die Ewigkeit
sind meine Grundmauern.
Und meine Hauswände sind und bleiben
unerschütterliche Mauern für mich.

Und du, mein Gott, hast mich gemacht
zum schattendichten Gesträuch,
zur heiligen Gemeinde,
und hast mich unterwiesen in der Ordnung deines Bundes,
und ich rede, wie deine Jünger es tun.
Doch der Geist des Entsetzlichen hat keine Sprache,
und die Schuldigen können nicht reden,
denn Lügner verstummen,
weil du verurteilt hast alle,
die mir feind sind.
Denn durch mich scheidest du
zwischen gerecht und böse.
Denn du weißt im voraus alles,
was wir tun wollen,
und du hörst jedes Wort,
das wir sagen.

Du hast mich gefestigt
als einen von deinen Jüngern
und in deiner Treue.
So lenkst du meine Schritte
auf den gerechten Weg,
daß ich wandle vor dir,
dort, wo Gerechte sind,
auf den Wegen, die herrlich und friedlich sind
und grenzenlos und ohne Ende.

Du weißt, Herr, was ich denke,
ich bin dein Sklave.
Denn ich kann mich nicht erheben,
von mir aus habe ich keine Kraft.
Weil ich nur ein schwacher Mensch bin,
gibt es keine Zuflucht für mich.
Gerechte Werke, durch die ich gerettet werden könnte,
habe ich nicht getan.
Ich bin ohne Vergebung.
Doch ich finde Halt
an deinem großen Erbarmen,
und auf deine reiche Gnade harre ich.
So blüht auf, was gepflanzt ist,
wird der Setzling groß,
wird kräftig.

Denn du handelst barmherzig und gerecht
und hast mich ausersehen für den Bund mit dir.
Ich darf mich stützen auf deine Treue,
und du hast mich bestellt
zum Vater für die Kinder,
die du gnädig erwählt,
der hüten soll die Menschen,
die du wunderbar berufen.
Und sie öffnen den Mund wie ein Säugling
und sind vergnügt wie ein Kleinkind
auf dem Schoß derer, die es hüten.
Und du erhöhst meinen Rang
gegenüber allen, die mich mißachten.

Und es wird zerstreut,
was noch übrig ist von denen, die gegen mich kämpfen.
Und die streiten mit mir,
werden zerstreut
wie Spreu vor dem Wind.
Und ich habe über sie triumphiert.
Mein Gott, du hast mir Beistand geleistet
und hast erhöht meinen Rang
über alle Maßen.
Und ich durfte glänzen im Licht,
siebenfach,
im Licht, das du bestellt hast,
dich zu verherrlichen.
Denn du bist mein Licht für alle Zeit,
und du läßt mich weithin leuchten.

Bitte und Eingeständnis: Wie soll sich Gott um sein elendes Volk kümmern, wenn dessen Glieder sich selbst nicht um die Elenden kümmern?[47]

4 Q 501

Herr, gib unser Erbteil nicht den Fremden
und die Früchte unserer Hände nicht den Heiden.
Denke daran, daß wir alle zu deinem Volk und zu dir gehören.
Denke an die Kinder deines Bundes, die einsam sind,
die irren, weil niemand sie zurückbringt,
die gemeuchelt sind und keinen haben, der ihre Wunden verbindet,
die gebeugt sind und niemand haben, der sie wieder aufrichtet.
Wir haben heuchlerisch übergangen die Schwachen deines Volkes.

Immer neue Gründe werden genannt, weswegen Gott den Betern helfen soll. Beachtenswert ist die Rede von Mose als dem, der Sünden sühnt – durch sein fürbittendes Gebet. Daß Gott das Gesetz Israel in das Herz pflanzt, geschieht ähnlich nach Paulus durch den heiligen Geist.[48]

4 Q 504, 1-2, Kol 2

Herr, handle, wie es gemäß ist deiner großen Macht.
Du hast vergeben unseren Vätern
in ihrem Aufstand gegen dich,
und du zürnst denen, die deine Kinder vernichten wollen,
und du hast dich erbarmt über sie,
weil du sie liebst
wegen deines Bundes,
denn Mose sühnt ihre Sünden.
Und du hast dich erbarmt,
weil sie erkannt haben deine große Macht
und deine reiche Gnade von Generation zu Generation.
Nimm deinen Zorn und deine Wut von deinem Volk Israel,
die sie getroffen haben für all ihre Sünden.
Und du gedenkst deiner wunderbaren Taten,
welche du getan hast vor den Augen der Völker.
Denn dein Name ist über uns ausgerufen
aus ganzem Herzen und aus ganzer Seele.
Und du pflanzt ein dein Gesetz in unsere Herzen,
damit wir nicht von ihm abweichen nach rechts oder nach links,
denn du heilst uns von Wahn und Verblendung und Verirrung.
Wegen unserer Sünden wurden wir verkauft,
aber trotz unserer Fehler hast du uns gerufen.

Eindrücklich bezeugt das Fragment dieses Psalms, wie ausgeprägt die Erfahrung von Schuld und Sünde zu dieser Zeit ist.[49]

4 Q 507,1

Wir sind in Schuld seit dem Mutterschoß
und seit den Mutterbrüsten in Sünde.
Und solange wir leben, sind unsere Wege voll Unreinheit.

Das Thema Sion kommt häufig in alttestamentlichen Liedern vor. Wie schon öfter bei den Psalmen aus Qumran beobachtet, verbindet sich auch hier die Aufforderung zum Gotteslob mit dem Lob der Kreatur »Sion«, der dieser Appell gilt.[50]

Ich denke voll Lob an dich, Sion,
mit aller Kraft habe ich dich geliebt,
für immer will ich an dich denken mit Lob.
Auf Großes richtet sich deine Hoffnung, Sion,
Friede und die ersehnte Befreiung mögen kommen.
Eine Generation nach der anderen wird wohnen in dir,
und Generationen frommer Menschen werden dein Glanz sein.
Die sich sehnen nach dem Tag deiner Befreiung,
sollen jubeln ob deiner großen Herrlichkeit.
Den Glanz deiner Herrlichkeit werden sie in sich aufnehmen
und auf deinen prächtigen Plätzen werden sie spazieren.
An das huldreiche Wirken deiner Propheten wirst du dich erinnern,
und der Werke deiner Frommen wirst du dich rühmen.

Entferne Gewalttat aus deiner Mitte.
Lüge und Sünde sollen ausgemerzt sein aus dir.
Jubeln werden deine Kinder in deinen Mauern,
und deine Freunde werden sich zu dir gesellen,
so wie sie gehofft haben auf deine Befreiung.
Die ohne Schuld waren in dir, haben getrauert um dich.
Deine Hoffnung geht nicht zugrunde, Sion,
und deine Erwartung ist nicht vergessen.
Welcher Gerechte ist je verloren gegangen,
oder wer ist je davongekommen mit Unrecht?
Der Weg jedes Menschen wird geprüft,
jedem wird nach seinen Werken vergolten.
Ringsum werden deine Feinde geschlagen, Sion,
und alle, die dich hassen, werden zerstreut.
Angenehm vor Gott ist dein Lobpreis, Sion,
er steigt auf durch die ganze Welt.

Oftmals habe ich mich voll Lob an dich erinnert.
Mit ganzem Herzen lobe ich dich.
Mögest du erlangen immerwährende Barmherzigkeit und Gerechtigkeit,

und mögest du Lob empfangen von solchen, die angesehen sind.
Mögen sich an dir erfüllen Visionen, für dich in Sprache gefaßt,
und Träume der Propheten, die ihnen um deinetwillen eingegeben wurden.
Hocherhoben und weit gemacht bist du, Sion.
Lobe den Höchsten, deinen Befreier,
laß mein Herz sich freuen an deiner Herrlichkeit.

Erhalten ist nur der Anfang eines Bittgebets, in dem Adam als großes Schöpfungswerk Gott vor Augen gestellt wird, um ihn zu erinnern und aufzufordern, jetzt Ähnliches zu tun.[51]

4Q 504,8

Erinnere dich, Herr, daß du unser Gott bist.
Du lebst immerdar.
Gedenke der Wundertaten der alten Zeiten
und der Erweise deiner Macht von alters her.
Adam, unseren Vater, hast du geformt
nach dem Bild deiner Herrlichkeit.
Du hast eingehaucht Odem des Lebens in seine Nase,
und du hast ihn erfüllt mit Wissen und Erkenntnis
im Garten Eden, den du gepflanzt hast.
Du hast ihm gegeben, zu herrschen
und zu wandeln in einem Land voll Herrlichkeit.
Du hast ihm geboten, er solle sich nicht abwenden.
Doch er ist schwache Kreatur,
und zu Staub wird er.
Dann haben die Menschen die Erde mit Gewalt erfüllt
und unschuldiges Blut vergossen.

Der Psalm verknüpft Lob Gottes mit der Bitte um Sündenvergebung und um sehr Irdisches. Er stellt insofern mustergültig dar, was man unter »Sühne« durch Gebet verstand.[52]

Ein Wurm vermag dich sicher nicht zu loben,
und ein Totenwurm kann nicht erzählen,
wie gnädig du bist.
Doch wir, die wir leben, können dich loben.
Dich loben alle, die laufen können.
Du läßt sie erfahren, wie gnädig du bist
und gerecht und barmherzig,
und so belehrst du sie.
Denn in deiner Hand ist alles, was lebt,
und du gibst aller Kreatur den Atem.
Du handelst an uns, Herr,
gütig, weil du gütig bist,
und sehr gerecht, weil du gerecht bist.
Der Herr hört die Stimme derer,
die seinen Namen lieben,
und entzieht ihnen nicht seine Gnade.
Gelobt sei der Herr, der gerecht und barmherzig handelt.
Er krönt, die das Haupt vor ihm neigen,
mit Gnade und Barmherzigkeit.
Ich erhebe meine Stimme,
deinen Namen zu loben,
ein Lob zu singen, weil du deine Gnade erwiesen.
Ich will von deiner Treue erzählen,
ich kann nicht aufhören, dich zu loben.
Auf den Tod hin lebe ich, weil ich gesündigt,
und meine Schuld hat mich verkauft an die Hölle.
Aber du rettest mich, Herr,
weil du sehr barmherzig bist
und sehr gerecht.
Wirklich liebe ich deinen Namen,
und in deinem Schatten bin ich geborgen.
Wenn ich an deine Macht denke,
wird mein Herz stark,
und mir ist eine Stütze, daß du gnädig bist.

Vergib, Herr, meine Sünde
und reinige mich von meiner Schuld.
Schenke mir treuen, verständigen Sinn,
laß mich nicht schändlich untergehen.
Laß den Teufel nicht über mich herrschen
und auch keinen unreinen Geist.
Laß Schmerzen oder
den bösen Trieb
nicht herrschen über meinen Leib.
Denn du, Herr, bist mein Lob,
und auf dich hoffe ich Tag für Tag.
Laß meine Geschwister jubeln mit mir
und das Haus meiner Eltern.
Sie staunen über deine Gnade.
Denn für immer will ich mich freuen in dir.

Eine Bitte um Vergebung, bei der wieder der heilige Geist als gegenwärtige Gnadengabe wichtig ist. Im frühen Christentum gibt es dazu viele Entsprechungen.[53]

4Q 506, 131–132 = 504, 4

Du beschenkst sie zur Freude ihres Herzens.
Denn du, Herr, verstehst alles,
und alles Denken kommt vor dich.
Wir verstehen, wenn du uns gnädig bist
mit dem heiligen Geist.
Erbarme dich unser, und verwende nicht gegen uns
die alte Schuld unserer Väter.
In allem war ihr Handeln böse,
und sie waren unbelehrbar.
Du aber erlöse uns
und vergiß, bitte, unsere Schuld und Sünde.

Der Psalm vergleicht Gottes Verhalten beim Auszug aus Ägypten mit der Sorge des Adlers um seine Jungen, um Gott an sein Volk zu erinnern.[54]

4 Q 504,6

Wir bitten dich, erinnere dich,
daß wir dein Volk sind.
Du hast uns wunderbar getragen auf Adlers Fittichen,
und du hast uns zu dir geführt,
wie ein Adler seine Jungen ermuntert,
indem er unter den Kleinen flattert,
seine Flügel ausbreitet,
sie nimmt und sie trägt auf seinen Schwingen.
So wohnen wir für uns unter den Völkern,
und man achtet uns nicht.

Du bist bei uns
in einer Säule von Feuer und Wolke,
Engel deiner Herrlichkeit gehen vor dir,
und deine Herrlichkeit ist in unserer Mitte.

Der Gott Israels ist der Gott des Lebens, und Freude kommt nur von ihm. Daher kann der Psalmist so beten wie in diesem Fragment.[55]

4 Q 508,39

Wir leben mit kummervollem Herzen den ganzen Tag.
Wir haben kein Vertrauen in unser Leben.

Meine Rettung liegt bei dir

Vertrauenslieder

Der Psalm ist selbst ein Weg aus der äußersten Bedrängnis und Zerrissenheit hin zu Vertrauen und Lobpreis. Weibliche Metaphern spielen eine große Rolle. Gegen Ende spricht der Beter auch von der Fröhlichkeit durch Gottes Geist.[56]

1 QH 9,1–39   Lohse

Tödliche Fluten!
Und das Totenreich ist meinem Bett ganz nahe.
Stöhnend bringe ich nur noch ein Klagelied hervor.
Mein Auge verbrennt
wie eine Motte am Herdfeuer,
und meine Tränen sind wie Sturzbäche.
Meine Augen hoffen auf Ruhe.
Rettung ist weit von mir,
mein Leben ist ganz fern.
Und ich gerate von einer Katastrophe in die andere,
von Schmerz zu Qual,
von Wehenschmerz in brandende Pein.
Ich bedenke deine wunderbaren Taten,
und du weist mich nicht zurück,
weil du sehr gnädig bist.
Immer wieder freue ich mich
über dein reiches Erbarmen.
Und denen, die mich verschlingen wollen,
widerstehe ich mit dem Wort
und gebe Widerrede
denen, die sich auf mich stürzen.
Und mein eigenes Urteil erkläre ich für Unrecht
und gebe deinem Urteilsspruch recht,
denn ich weiß um deine Treue.
Und ich mache mir zu eigen,
was du über mich beschlossen,
und willige ein, daß du mich strafst.
Denn ich hoffe, daß du gnädig sein wirst.
Und du gibst mir flehentliche Worte ein,
mir, deinem Sklaven.
Und du bedrohst mein Leben nicht.
Du verletzt nicht meine Unversehrtheit
und läßt nicht im Stich meine Hoffnung
und machst mich standfest im Angesicht der Qual.

Denn du hast mich fest gegründet,
und du weißt, was in mir steckt.
Du tröstest mich,
wenn ich in Not bin,
und wenn du vergibst,
bin ich fröhlich,
und ich will bereuen,
was ich früher gesündigt.
Und ich weiß, daß es Grund zu hoffen gibt,
weil du gnädig bist,
und Anlaß zu froher Erwartung,
weil du sehr mächtig bist.
Denn keinen gibt es, der gerecht erklärt würde
im Prozeß mit dir,
und keinen, der freigesprochen würde
in der Streitsache mit dir.
Unter Menschen ist einer gerechter als der andere
und einer klüger als der andere,
und was lebt, besitzt größere Würde
als eine Form aus Lehm,
und ein Engel ist stärker als der andere,
doch nichts ist mächtiger als die Beweise deiner Kraft,
deine Herrlichkeit ist unergründlich
und deine Wahrheit ohne Maß.
Doch was die Gegner wider mich planen,
wird ihnen zur Schande.
Wenn du meine Feinde stärkst gegen mich,
wird ihnen das zur Falle.
So werden beschämt und zuschanden alle,
die gegen mich aufgebracht waren.
Denn du, mein Gott, führst den Streit für mich,
in deiner verborgenen Weisheit hast du mich belehrt.
Und du hältst die Wahrheit unter Verschluß,
bis du sie zu ihrer Zeit offenbarst.
Und daß du mich belehrst,
schenkt mir Freude und Fröhlichkeit.
Denn daß ich gepeinigt werde,
heilt mich für immer;
daß meine Feinde mich schmähen,
krönt mich mit Herrlichkeit;

daß ich stolpere, kräftigt mich für immer.
Denn durch deine Herrlichkeit
kann mein Licht leuchten.
Denn aus Finsternis
läßt du ein Licht für mich erstrahlen.
Du heilst die Wunde,
die mir geschlagen wurde.
Und wenn ich stolpere,
umfängt mich wunderbare Kraft
und in Bedrängnis
freier Raum.

Meine Zuflucht, meine Burg,
mein mächtiger Fels, meine Festung,
auf dich vertraue ich
vor allem anderen,
weil du mich befreist für alle Zeit.
Denn du hast mich erwählt
von meinem Vater her,
und vom Leib meiner Mutter an
hast du mich zu deinem heiligen Eigentum gemacht.
Du hast mir Gutes erwiesen
vom Mutterschoß an,
und dein Erbarmen gilt mir
von Mutterbrust an.
Und von Jugend an
hast du mir klare Einsicht geschenkt,
wie du urteilst.
Und mit unverbrüchlicher Treue
hast du mich gestützt
und hast mich fröhlich gemacht
durch deinen heiligen Geist.
Denn du hast mich erzogen –
barmherzig und gerecht,
und du behütest mich
in deinem Frieden,
um mich zu retten.
Und wohin ich auch gehe,
du vergibst mir großzügig
und erbarmst dich überreichlich

nach deinem Willen.
Und auch wenn ich ganz alt bin,
wirst du mich noch umsorgen.
Denn mein Vater will nichts von mir wissen,
und meine Mutter hat mich dir überlassen.
Denn du bist Vater
für alle Kinder, denen du die Treue bewahrst,
und du freust dich über sie
wie ein Mutterherz über das Kind,
und wie eine Amme
hältst du alles, was du geschaffen,
auf deinem Schoß
und versorgst es.
Ich will dich lobpreisen, Herr,
denn du hast deine Macht erwiesen
unzählige Male.

Alle sind auf Gottes Hilfe angewiesen. Der Psalm appelliert an Gottes Solidarität mit allen Schwachen und Elenden.[57]

4 Q 509, 12.13.

Ohne dich irren die Verbannten, weil niemand sie zurückführt;
ohne dich sind die Schwachen ohne Kraft;
ohne dich haben die Gefallenen niemand, der sie aufrichtet;
ohne dich sind die Unverständigen ohne einen, der sie versteht;
ohne dich haben die Gemeuchelten keinen, der ihnen die Wunde verbindet;
ohne dich ist für die Ungerechten keiner, der Medizin hat;
ohne dich stärkt die Gestrauchelten niemand in ihren Fehlern.
Du hilfst ihnen.
Ohne dich sind sie Gefährten der Traurigkeit und der Tränen;
du bist der Beistand der Gefangenen.

Der Beter versteht sich wohl als Lehrer seines Volkes. Er schildert Gottes Handeln an ihm und stellt seinen Auftrag dar. Er bittet, daß die Menschen nicht den falschen Lehrern nachlaufen. Das Gebet ist Bitte und Selbstempfehlung zugleich.[58]

4Q 434. 436

Was ich hier sage, soll stärken das niedergeschlagene Herz
und lenken den Geist in ihm
und trösten die Erniedrigten
in der Zeit ihres Elends
und aufrichten die Hände derer, die am Boden liegen.
Es soll Gefäße des Wissens schaffen,
den Weisen Erkenntnis schenken und mehren,
daß sie begreifen deine Wunder,
die du gewirkt in den früheren Tagen
vergangener Generationen.
Und du hast dein Gesetz bewahrt,
das du gestiftet, bevor ich wurde,
und du bekräftigst deinen Bund für mich
und machst ihn stark für mein Herz,
damit ich mich an deine Wege halten kann.
Du gebietest meinem Herzen
und ermahnst mein Gewissen,
deine Weisungen nicht zu vergessen.
Du hast mein Urteil offen gemacht
und mich gestärkt, daß ich die Wege der Wahrheit sehe.
Du machst mein Wort zu einem scharfen Schwert
und läßt mich heilige Worte sagen.
Laß die Menschen nicht
dem nachlaufen,
dessen Worte voll Unheil sind.
Du hast mich gekräftigt,
und mit deiner Hand hast du
mich gestärkt von Tag zu Tag.
Du hast das steinerne Herz
aus mir herausgenommen und ein reines Herz
an seine Stelle gesetzt
und den bösen Trieb entfernt.

Tafel 11: *Hirte mit Schafen*

Tafel 12: *Wüste Juda*

Israel ist von Feinden umgeben und hofft auf Gottes Gerechtigkeit. Selbst Gottes Finger ist schon mächtiger als alles andere auf der Welt (vgl. Lukas 11,20).[59]

4Q 372

Sie ehren die Götzendiener, und der Höchste gab sie in die Hand der
Völker, und er verstreute sie in alle Länder,
unter die Nationen verteilte er sie.
Und er vertrieb sie aus dem Land.
Die Heiden gaben ihnen keine Ruhe; Jerusalem legten sie in Trümmer,
und den Berg meines Gottes machten sie zu einer bewaldeten Höhe.
Dabei wurde der Stamm Joseph in Länder geworfen, die er nicht kannte,
unter ein fremdes Volk und verstreut in alle Welt. Alle Berge waren
entsetzt über die Samaritaner. Und sie machten für sich einen hohen Ort
auf einem hohen Berg, um Israel zur Eifersucht zu reizen, und sie
richteten Schreckliches an mit den Worten ihres Mundes, indem sie das
Zelt Sions lästerten. Und sie redeten Falsches, und betrügerisch redeten
sie, um Levi, Juda und Benjamin mit ihren Worten zu erzürnen. Und bei
alledem wurde Joseph gegeben in die Hände von Fremden, die seine Kraft
ausbeuteten und all seine Knochen brachen bis zu seinem Ende. Und er
schrie und rief zu Gott dem Mächtigen, ihn zu retten aus ihren Händen.
Und er sagte:

Mein Vater, mein Gott, gib mich nicht preis
in die Hände der Völker.
Erweise mir Gerechtigkeit,
damit nicht zugrunde gehen die Armen und Bedrängten.
Du brauchst kein Volk und keine Nation zu deiner Hilfe.
Dein Finger ist größer und stärker als alles auf der Welt.
Denn die Treue erwählst du,
und in deiner Hand gibt es keine Gewalt.
Deine Gnade ist überreich,
und groß ist deine Freundlichkeit
für alle, die dich suchen.
Doch die Feinde sind stärker
als ich und alle meine Brüder,
die mit mir verbunden.
Hier wohnt ein feindliches Volk,
und sie öffnen ihren Mund
gegen alle Söhne Jakobs, deines Freundes,

ihn zu quälen.
Aber es kommt die Zeit,
daß sie ganz von der Welt verschwinden.
Und dann will ich aufstehen
und Recht und Gerechtigkeit tun,
den Willen meines Schöpfers befolgen
und Dankopfer darbringen.
Ich will von der Freundlichkeit Gottes erzählen.
Und ich will dich, meinen Gott, loben und lobpreisen;
ich will die Sünder deine Gesetze lehren
und alle, die deine Weisung nicht wollen,
so daß ich vor deinen Geboten ohne Tadel bin.
Und ich will erzählen von deiner Gerechtigkeit.
Denn Gott ist groß, heilig, mächtig und voll Hoheit,
furchterregend und wunderbar.

Das Bild von der Zunge als glühender, nicht löschbarer und nicht erstickbarer Kohle findet sich nur in diesem Text, der in kräftigen Bildern Gottes Hilfe beschwört. Mit Erschütterung der Erde reagiert Gott auf das Gebet der Gemeinde auch in Apostelgeschichte 4,31.[60]

4 Q 381,24

Meine Zunge ist wie eine glühende Kohle,
die niemand ersticken kann,
bevor ich ganz zu Ende gesungen habe.
Der Herr hat Juda erlöst von aller Not und von Ephraim,
und die er geprüft hat, werden ihn lobpreisen
und sagen: Stehe auf, mein Gott.
Dein Name ist meine Rettung.
Mein Fels, meine Burg und mein Befreier ist Gott.
Am Tag meiner Not will ich zum Herrn rufen,
und mein Gott wird mir antworten.
Mein Schrei vor ihm wird an sein Ohr gelangen.
Und in seinem Heiligtum wird er meine Stimme hören.
Und die Erde weicht zurück,
und die Grundfesten der Hügel zittern,
denn er ist zornig. Rauch ist in seinen Nüstern.

Der Psalm appelliert an Gottes Schöpfermacht und seinen Rang unter den unsichtbaren Himmelswesen. Weil der Beter um diese Dinge weiß, kann er andere belehren und ihnen Hoffnung machen.[61]

4Q 381, 15

Herr, du wirst mein Herz umkrempeln.
Wende dich zu mir und sei mir gnädig.
Gib deinem Sklaven deine Kraft
und rette das Kind deiner Magd.
Gib mir ein Zeichen, daß alles gut geht,
damit die, die mich hassen, es sehen
und beschämt werden.
Denn du, mein Gott, hast mir geholfen,
und ich lege meine Sache vor dich, mein Gott.
Du regierst über die Tiefen des Meeres,
und du stillst seine Wellen.
Du hast den Drachen der Urzeit hingestreckt wie Schlachtvieh.
Du hast deine Feinde zerstreut mit starkem Arm.
Die Welt und ihre Fülle hast du gegründet.
Du hast einen mächtigen Arm,
machtvoll ist deine Hand, kräftig deine Rechte.
Wer im Himmel ist wie du, mein Gott,
wer unter den Göttersöhnen
und in der Versammlung aller Heiligen?
Denn du bist die Herrlichkeit und der Glanz.
Und ich habe verstehen gelernt durch deine Belehrung.
Ich will von dir künden, denn du hast mich unterwiesen,
und ich will lehren, denn du hast mich gelehrt.
Denn wir werden deinen Namen anrufen, mein Gott.

Wie der vorangehende Psalm, so bittet auch dieser um Gnade trotz der Sündigkeit
der Menschen. Auch hier wird ein Gebet Manasses zitiert, das sonst nicht überliefert
ist.[62]

4 Q 381, 33

Steh auf, Herr, der du über den Himmeln bist.
Mein Gott, erhebe dich in deiner Stärke,
und wir werden uns rühmen des Erweises deiner Macht.
Denn unerforschlich ist deine Weisheit.
Deine Hilfe werde mir zur Freude,
denn meine Sünden waren zu viele für mich.
Aber du, mein Gott, wirst deinen Geist senden,
und du wirst deine Gnade geben
dem Sohn deiner Magd.
Und deine Freundlichkeit gilt dem Sklaven in deiner Nähe.
Und ich will vor Freude schreien
und will dir zujubeln im Angesicht derer, die dich fürchten.
Denn du wirst richten
deine Sklaven in deiner Gerechtigkeit
und gemäß deiner Freundlichkeit.

Gebet des Manasse, König von Juda, als der König Assyriens ihn gefangen-
nahm.

Mein Gott,
meine Rettung liegt bei dir.
Ich hoffe, daß du da bist und mich rettest,
und ich beuge mich vor dir wegen meiner Sünden.
Denn du hast groß gemacht deine Gnade,
aber ich habe große Schuld auf mich geladen.
Und so wurde ich abgeschnitten von ewiger Freude,
und meine Seele wird das Gute nicht schauen,
weil ich deiner nicht gedachte am heiligen Ort
und dir nicht diente.

Gegner und eigene Schuld stören das Verhältnis zwischen dem Beter und seinem Gott. Der Beter bittet Gott, ihn nicht vor Gericht zu zerren, denn da könnte er nicht bestehen. So will er von sich aus Sühne leisten und andere lehren.[63]

4Q 381, 45

Und ich verstehe,
und den, der nicht versteht, werde ich lehren;
und ich fürchte dich,
und ich will mich reinigen
von den Greueln, auf die ich mich einließ.
Und ich beuge mich vor dir.
Die Gegner luden zahlreiche Sünden auf sich,
und sie werden etwas aushecken gegen mich,
um mich zum Schweigen zu bringen.
Aber ich vertraue auf dich.
Zerre mich nicht vor Gericht, mein Gott.
Die sich gegen mich verschwören,
reden betrügerisch mit leichtfertiger Zunge.

Im Gericht müssen die Auserwählten noch förmlich für rein erklärt werden (vgl. Römerbrief 4,24: der Glaube wird erst angerechnet werden). Die Rede vom Sturmwind, der das Gericht vollzieht, ist vergleichbar mit der ursprünglichen Bedeutung von »Geist« in Matthäus 3,11. Die kriegerischen Züge des Gerichts spiegeln die physischen Leiden verfolgter Juden.[64]

4Q 381, 46

Dein Glanz und deine Schönheit
werden wie Wolken über das Angesicht der Erde verteilt sein.
Menschen werden nicht obsiegen und sich nicht erheben.
Nur du wirst sie alle prüfen,
und die Auserwählten wirst du wie Opfergaben für rein erklären vor dir.
Und die du haßt, wirst du verwerfen wie Unreines,
und ein Sturmwind wird hinwegfegen ihre Taten.
Aber die dich fürchten, dürfen stehen vor dir allezeit.
Ihre Hornspieße sind aus Eisen, um viele zu durchbohren,
und du wirst ihnen Hufe aus Eisen machen,
und Sünder werden wie Kot zertrampelt
auf dem Angesicht der Erde.

Der Psalm beginnt mit den Kanaanäern und beschreibt dann die Bestellung der Propheten, besonders des Mose, durch Gottes Geist als die eigentliche Heilstat Gottes für sein Volk.[65]

4Q 381, 69

Und als er sah, daß die Völker des Landes Frevel begingen
und das Land ganz Unreinheit und Befleckung wurde,
handelte er wunderbar von Anbeginn.
Er faßte den Plan bei sich, sie vom Land zu vertilgen
und darin ein Volk zu schaffen.
Und er gab euch durch seinen Geist Propheten,
euch zu unterweisen und zu lehren.
Vom Himmel stieg er herab,
und er sprach mit euch,
um euch Weisung zu geben
und euch fernzuhalten von den Taten
der Einwohner des Landes.
Er gab Gesetze, Gebote und Befehle
mit dem Bund, den er durch Mose errichtete.

Die Angeredeten werden auf ihren Gott verpflichtet. Lob Gottes und Anrede an die Hörer sind auch hier predigtartig verbunden. Gott ist strenger Richter, aber auch barmherzig.[66]

4Q 381, 76-77

Ihr werdet hören auf meine Worte
und auf die Weisheit achten,
die aus meinem Munde kommt,
und ihr werdet verstehen.
Der Herr ist ein verläßlicher Richter
und ein treuer Zeuge.
Habt ihr Kraft, ihm zu antworten?
Wer unter euch kann etwas erwidern,
und wer will sich streiten mit ihm?
Denn viele sind, die euch richten, und zahllos sind, die gegen euch zeugen.
Gott wird zu Gericht über euch sitzen,
sein Gericht wird gerecht sein und ohne Unrecht.
Seine Engel schickt er, verläßlich zu regieren über euch.
Der Herr der Herren ist mächtig und wunderbar,
und keiner ist wie er.
Er erwählte euch aus vielen Völkern
und aus großen Nationen, daß ihr sein Volk seid,
über alle zu herrschen.

Die Herrlichkeit Gottes in Jerusalem zeugt von Gottes erwählender Gnade. Mit dem Menschen, dessen Worte bewahrt werden, ist Mose gemeint. Weil allein Gott rettet und nicht menschliche Kraft, ist es nötig, sich schnell vom Bösen abzuwenden.[67]

4Q 380,1

Jerusalem ist die Stadt, die Gott erwählt hat
von jeher und für immer.
Denn der Name Gottes ist ausgerufen über ihr,
und seine Herrlichkeit ist erschienen
über Jerusalem und Sion.
Wer kann den Namen Gottes aussprechen,
und wer kann all sein Lob in Worte fassen?
Gott erinnert sich seines Volkes
in seinem gnädigen Willen
und bringt ihm Erlösung,
um ihm zu zeigen das Glück seiner Erwählten
und jubeln zu lassen sein Volk.

Und er schuf euch einen Menschen,
dessen Worte sie bewahrten.
Sie richten sich an alle Kinder Israels.
Nicht deine Hand wird dich retten, sondern die Kraft eures Gottes,
der Gutes tut und die Bösen haßt.
Wie lange noch wirst du der Bosheit anhängen?

Der Sieg über Feinde Israels im Laufe der Geschichte wird zum Bild dafür, daß Gott überhaupt Feinde hat und sie besiegen wird. Anders als wir kann und will der Beter nicht zwischen den Bösen und dem Bösen trennen. Michael und die Engel sowie die Erwählten, besonders die Töchter des Volkes, stehen auf der einen Seite, die Mächtigen der Erde, der Teufel und „Gog" auf der anderen. Der Text appelliert an Gott, die Armen zu schützen. Der Beter gehört zu den Armen, zu den Verlierern der Weltgeschichte, für die es nicht einfach immer so weitergehen kann.[68]

1 QM 11,1–12,18 Lohse

Herr, der Kampf liegt in deiner Hand,
und durch deine kräftige Hand
streckst du zu Boden deine Feinde,
und keiner begräbt sie.
Und den Goliath von Gatha,
einen mächtig starken Mann,
hast du ausgeliefert in die Hand
deines Sklaven David.
Denn David vertraute auf deinen großen Namen
und nicht auf Schwert und Spieß.
Denn in deiner Hand liegt der Kampf.
Und die Philister hat er viele Male unterworfen
durch die Macht deines heiligen Namens.
Und durch unsere Könige hast du uns oft befreit,
weil du dich erbarmtest,
und du handeltest nicht, wie wir es verdient hatten
nach unseren bösen Werken
oder nach unseren Missetaten.
In deiner Hand liegt der Kampf,
und von dir her kommt Stärke
und nicht von uns.
Und weder unsere Kraft noch die Stärke unserer Hände
haben Macht bewiesen,
sondern nur du durch deine Macht und große Stärke.
So hast du es uns verheißen seit jeher
mit diesen Worten:
Es geht ein Stern auf aus Jakob,
es steht auf ein Szepter in Israel
und zerschlägt die Schläfen Moabs
und vernichtet die Kinder des Seth.

So erweist du als gerecht dein verläßliches Richten
an allen Menschenkindern.
So machst du dir einen ewigen Namen im Volk
und erweist dich als groß und heilig
vor den Augen der übrigen Völker.
Strafgerichte vollziehst du an Gog und seiner ganzen Schar,
die sich versammeln gegen uns.

Die vielen heiligen Engel sind bei dir im Himmel,
und die Heerscharen der Engel in deiner heiligen Wohnstatt,
um deinen Namen zu loben.
Und die du erwählt hast als dein heiliges Volk,
hast du für dich in das Buch der Namen geschrieben.
Ihre ganze Heerschar ist bei dir
in deiner heiligen Wohnung,
in der Wohnstatt deiner Herrlichkeit.
Und Gnade und Segen und den Bund des Heils
hast du festgeschrieben für sie mit dem Griffel des Lebens.
Du regierst sie als König für alle Zeit,
und du musterst die Heerscharen deiner Erwählten
nach Tausendschaften und Zehntausendschaften,
zusammen mit deinen Heiligen
und mit deinen Engeln,
um die Macht zu ergreifen im Krieg,
zu unterwerfen die Gegner des Landes
in deinem Gerichtsverfahren;
aber dein Segen begleitet die Erwählten des Himmels.

Du, Herr, bist zum Fürchten
in der Herrlichkeit, wenn du als König regierst,
und die Gemeinschaft deiner heiligen Engel
ist mitten unter uns, um uns beizustehen allezeit.
Und wir verachten die Könige,
wir verspotten und verhöhnen die Mächtigen.

Töchter meines Volkes,
brecht in lauten Jubel aus,
legt herrlichen Schmuck an
und übt Herrschaft auf ewig.

Gelobt sei der Gott Israels,
weil er heilig ist und für alles sorgt
und in Treue handelt;
und gelobt seien, die in Gerechtigkeit ihm dienen
und ihn in Treue anerkennen.

Herr, Gott unserer Väter,
deinen Namen lobpreisen wir für alle Zeit.
Und wir sind für immer das Volk.
Und du hast errichtet einen Bund für unsere Väter
und hast ihn eingerichtet für ihre Nachkommen auf ewig,
und immer wieder hast du deine Herrlichkeit bezeugt
und so deinen Bund bekräftigt.
Deine Hilfe war unter uns, die wir ein Rest Israels sind.
So hast du deinen Bund lebendig erhalten.
Es ist an uns,
die Taten deiner Treue zu erzählen
und die Beweise deiner wunderbaren Macht.
Du, Gott, hast uns erkauft zu deinem Volk für alle Zeit
und hast uns in das Licht gestellt,
um deine Treue zu erweisen.

Und den Fürsten des Lichts, Michael,
hast du seit altersher
bestellt zu unserem Helfer,
und um ihn scharen sich alle Kinder der Gerechtigkeit,
und alle treuen Engel stehen unter seiner Führung.
Und du hast den Teufel gemacht,
um Verderben zu wirken
als Engel der Feindschaft;
und mit seinem finsteren Regiment und seiner Tücke
bringt er Böses und Schuld hervor.
Und alle Engel, die zu ihm gehören,
sind Engel, die Unheil bringen.

Sie handeln nach den Gesetzen der Finsternis,
und darauf geht ihre ganze Lust.
Wir aber sind geschart um deine Treue
und freuen uns an deiner starken Macht
und sind fröhlich über deine Rettungstat

und jubeln über deine Hilfe und dein Heil.
Wer ist mächtig wie du, Gott Israels?
Die Armen schützt deine mächtige Hand.
Und welcher Engel oder Engelfürst
kann uns so helfen wie du?
Denn seit ehedem hast du bei dir bestimmt
den Tag des Kampfes.
Du wirst helfen mit Treue
und vertilgen und vernichten die Schuldigen.
Du wirst zu Boden werfen die Finsternis
und stärken das Licht
und vernichten alle Kinder der Finsternis
und Freude stiften für die Kinder des Lichts.

Der Beter zitiert König Manasse von Juda, unter dessen Namen auch in der Septua-
ginta, einer alten griechischen Übersetzung des Alten Testaments, ein (Buß-)Gebet
überliefert ist, das aber mit diesem Text keine Berührungen aufweist.[69]

4 Q 381,31

Ich will dem Herrn singen.
Ich will deine Wundertaten rühmen.
Du wirst mich retten und reich herauführen aus den Kammern des Todes.

Gebet des Königs von Juda:
Deine Gedanken, wer kann sie verstehen?
Denn meine Feinde sind zahlreich vor dir.
Du hast sie gedemütigt,
und die mein Leben hassen,
hast du unterworfen vor deinen Augen.
Du wirst die Sünden derer nicht verstecken,
die Erkenntnis besitzen.
Gott, mein Retter, die Tage meines Lebens sind begrenzt.
Und was kann ich tun? Ich bin so schwach.
Am Tage des Zorns wirst du dem Schwert übergeben
jene, die mich hassen und die meinen Kopf fordern;
ihr Glanz ist nicht echt.
Und die mich erschrecken, werden weichen,
und meine Feinde werden umkommen.

Gottes Handschrift ist: die Schwachen zu stärken und die Mächtigen zu entthronen. Im Zentrum stehen nicht irdische Feinde, sondern die Herrschaft des Teufels und seiner Geister. Diese ist auch im Neuen Testament zentral, und der Messias bewährt sich gegen sie.[70]

1 QM 14, 46–18   Lohse

Gelobt sei der Gott Israels.
Er bewahrt Gnade denen, für die er den Bund errichtet,
und beweist stets auf neue,
daß er sein Volk befreit und erlöst.
Und er beruft die Gestrauchelten zu wunderbaren, mächtigen Taten,
und die versammelte Gemeinschaft der Völker
zerschlägt er restlos.
Durch das Gericht erhöht er,
die bedrängten Herzens sind,
und öffnet den Mund denen, die verstummt waren,
so daß sie jubeln über Gottes mächtige Taten.
Er gibt Widerstandskraft denen, die schlaff geworden sind,
und festen Stand denen, deren Knie wanken,
und Stärke der Lenden denen, die am Boden liegen.
Durch die, deren Seelen zerschlagen sind,
beugt er das verstockte Herz,
und durch die, die den vollkommenen Weg gehen,
unterwirft er alle bösen Völker.
Und all ihre starken Männer können nicht standhalten.
Doch wir sind der Rest deines Volkes.
Gelobt sei dein Name, gnädiger Gott.
Du hast unseren Vätern den Bund bewahrt,
und in allen Geschlechtern
hast du gnädig gehandelt am Rest deines Volkes.
Und dein Volk stand unter der Herrschaft des Teufels,
und trotz aller tückisch verborgenen Feindseligkeit
haben sie uns nicht entfernen können von deinem Bund.
Und des Teufels unheilstiftende Geister hast du von uns fortgescholten.
Und während die einen Böses taten, die unter seinem Regiment waren,
hast du die anderen bewahrt, die du erlöst.
Und du hast die tief Gefallenen aufgerichtet durch deine Kraft
und bringst zu Fall die Hochstehenden, sie zu erniedrigen.

Und all ihre starken Männer
haben keinen, der sie rettet,
und ihre Schnelläufer finden keine Zuflucht,
und an ihren Angesehenen
übst du Vergeltung, daß sie verachtet werden.
Sie sind wie ein Hauch
und werden wie ein Nichts.

Und wir, dein heiliges Volk, loben deinen Namen,
weil du treu gehandelt hast;
und weil du deine Macht erweist,
verherrlichen wir deinen Ruhm zu allen Zeiten,
zu den Kalenderdaten, die seit jeher bezeugt sind,
wenn es Tag und wenn es Nacht wird,
wenn der Abend und wenn das Frühlicht vergeht.

Denn groß ist deine herrliche Vorsehung,
und wunderbar sind deine Geheimnisse in den Höhen:
Menschen erhöhst du aus dem Staub,
und göttliche Wesen erniedrigst du.
Steh auf, steh auf, Gott der Götter,
und mache dich auf in Kraft, König der Könige.

Durch kleine Gesten wird und kann Gott die Erlösung der ganzen Welt bewirken.[71]

4 Q 381,29

Und er wird seine Engel senden,
und beim Hauch seines Mundes wird alle Kreatur vergehen.
Mein Gott, du wirst deine Hand ausstrecken.

Wenn der Beter sagt: »Du hast unsere Zeit erkoren«, dann heißt das: Die Zeit der Rettung und Erlösung ist jetzt. Diese, besonders das Erstrahlen der Herrlichkeit, ist Vision, nicht politische Realität in der Zeit des Beters.[72]

1 QM 18,6b–14 Cohse

Gelobt sei dein Name, Gott der Götter,
denn du hast Großes getan an deinem Volk
und wunderbar gehandelt.
Und deinen Bund hast du uns bewahrt seit jeher,
und du hast uns viele Male die Tore der Rettung aufgetan
um deines Bundes willen.
Und da du uns deine Güte erwiesen,
sind wir nicht mehr gebeugt.
Und du, gerechter und barmherziger Gott,
hast so gehandelt um deines Namens willen.
Und du hast Staunenswertes an uns getan,
Wunder über Wunder,
und solches ist nie zuvor geschehen.
Denn du hast unsere Zeit erkoren,
und heute erstrahlt deine Herrlichkeit für uns.
Und du zeigst deine gnädige Hand an uns,
da du uns für immer befreist.
Du zerstörst das Regiment des Feindes,
bis es nicht mehr da ist,
und im Kampf gegen unsere Feinde
schafft deine starke Hand Niederlage und Vernichtung,
und der Tag ist zu kurz, um ihre Massen verfolgen zu können.
Das Herz der starken Männer hast du müde gemacht,
so daß sie nicht mehr standhalten konnten.
Bei dir ist die Macht,
und der Kampf liegt in deiner Hand.

112

Tafel 13: *Die Höhlen von Qumran*

Tafel 14: *En Gedi*

Ängste greifen nach mir

Gebete in Not und Bedrängnis

Dieser Psalm schildert die Isolation des bedrängten Gerechten. Oft scheint uns die Schwarz-Weiß Malerei, die wir auch aus den Psalmen des Alten Testaments kennen, fremd. Doch Judenpogrome in unserem Jahrhundert und die heldenhafte Rolle vieler südeuropäischer Märtyrer im Kampf gegen die Mafia erinnern uns daran, daß es diese Situation gerade in unserer Zeit oft genug gibt. – Der Ausdruck »Beutel der Lebenden« ist ein altes biblisches Bild dafür, daß man bei Gott bewahrt, errettet und vor dem Tod behütet ist.[73]

1 QH 2,1-39ᵃ Cohse

Herr,
die sonst Frohes verkünden, sind jetzt voll Traurigkeit.
Über alles gibt es nur Schreckensmeldungen.
Deshalb zerfließt mein Herz,
und ich kann gegen die Not nichts mehr ausrichten.
Doch du legst die Antwort darauf
in meinen unheiligen Mund.
Und du gibst mir Halt,
indem du mir den Rücken stärkst
und viel Kraft schenkst.
Und du machst meine Schritte fest
dort, wo Böses herrscht.
Und die Übles wollten,
hatten sich in mir verrechnet.
Aber ich konnte auch alle heilen,
die sich von der Sünde abwenden.
Ich konnte lehren, die sich selbst nicht zu schützen wissen.
Ich konnte innerlich festigen, die in Panik waren.
Du hast mich hingestellt, daß die Treulosen
über mich lästern und schlecht reden.
Doch wer den geraden Weg geht,
dem konnte ich verläßlich raten und manche Einsicht schenken.
Und es war die Schuld derer, die Böses wollen,
daß die Gewalttätigen über mich herzogen.
Der Rufmörder wetzte das Messer.
(Die Spötter knirschten mit den Zähnen.)
Und ich wurde zum Klatsch für die Frechen.
Und gegen mich richtete sich das Pogrom
der Mafia der Gottlosen.
Und sie toben wie das aufgewühlte Meer,

wenn die Wogen wütend heranstürzen.
Sie entfesseln eine Schlammschlacht.
Du aber hast mich hingestellt,
daß ich ein Zeichen sei
für die, die du erwählt hast und die gerecht sind.
Und daß ich ein Dolmetsch dessen sei, was ich erkannt habe
von dem, was vordem verborgen,
was wunderbar und staunenswert ist.
So soll ich als echt erweisen, die bei der Wahrheit stehen,
und prüfen, die die Lehre lieben.
Ein streitbarer Mensch bin ich
wider die Dolmetscher auf der Seite des Irrtums geworden,
doch einer, der Frieden schenkt
all denen, die einen Blick haben für Redlichkeit.
Und ich bin ein unduldsamer Geist geworden
gegen alle, die nichts wollen als das, was allzu glatt ist.
Und alle, die dem Wahnwitz anhängen,
stürmen gegen mich an
wie das Brüllen großer Wassermassen.
Und tückisch wie der Teufel ist alles, was sie ersinnen.
Und sie wollen an den Rand des Abgrunds bringen
das Leben dessen, dem du Verstand
gegeben und in den Mund gelegt hast.
Du hast es ihm ins Herz gelegt,
daß er die Wahrheit hervorsprudelt
für alle, die bei Verstand sind.
Doch sie haben es verraten mit unheiligem Gerede
und verfälschten Worten
gegenüber dem Volk, das doch nichts verstehen kann.
So soll es scheitern an ihrem Irrwitz.

Ich will dich, Herr, lobpreisen.
Denn du hast mich im Beutel des Lebens geborgen,
und du hast einen Schutz aufgestellt für mich
vor allen Fallen des Abgrunds.
Denn Männer der Gewalt
trachten mir nach dem Leben,
weil ich mich hielt an deinen Bund.
Aber sie sind ein Verein, der sich der Lüge verschrieben,
und eine Rotte Satans.

Sie wissen nicht, daß ich von dir her Kraft zum Stehen habe
und daß du mir hilfst durch deine Gnade
und daß ich von dir her Kraft zum Gehen habe.
Doch selbst sie sind mit Kraft von dir her
zum Streit angetreten gegen mich,
auf daß du deine Herrlichkeit erweisen kannst,
wenn du die richtest, die Böses wollen,
und auf daß du deine Größe erweisen kannst
an mir vor den Menschenkindern.
Denn durch deine Gnade kann ich stehen.
Und ich will es sagen: Ein Lager haben errichtet gegen mich
mächtige Männer.
Sie haben mich umzingelt
mit allen ihren Kriegswaffen.
Und Pfeile treffen, doch keiner ist, der heilt.
Die Lanzenspitzen sind wie Feuer, das Holz verzehrt.
Und wie Wassermassen dröhnen,
so schreien sie mit Gebrüll,
wie prasselnder Sturzregen,
der viele Opfer fordert.
Trug und Lüge schreien zum Himmel,
wenn sich ihre Wellen auftürmen.
Doch ich halte mich fest an deinem Bund,
auch wenn mein Herz zerfließt wie Wasser.
Sie spannten ein Fangnetz aus gegen mich,
doch verfing sich ihr eigener Fuß,
sie stellten Fallen auf gegen mich,
doch tappten sie selber hinein.
Mein Fuß aber steht fest auf sicherem Boden.
Mitten aus ihrer Umzingelung
will ich rühmen deinen Namen.

Ich will dich, Herr, lobpreisen,
denn dein Auge ist über mir,
und du rettest mich
vor dem Neid derer,
die Dolmetscher des Verlogenen sind.
Und als sich die zusammenrotteten,
die allzu Glattes wollen,
hast du aus ihrer Mitte den Armen befreit,

den sie umbringen wollten,
sein Blut zu vergießen,
um dir zu dienen.
Denn sie wissen nicht,
daß ich von dir her Kraft zum Gehen habe.
Und sie geben mich der Verachtung und Verhöhnung preis
mit dem Gerede aller,
die nichts wollen als Betrug.
Doch du, mein Gott, hast geholfen
dem, der gebeugt und ohne Macht,
aus der Gewalt dessen, der härter ist als er.
Und du hast mich befreit
aus der Gewalt der Übermächtigen,
und mit ihren höhnischen Reden
durften sie mich nicht einschüchtern.
So brauchte ich nicht abzulassen, dir zu dienen,
aus Angst vor dem Terror der Bösen
und mußte nicht eintauschen
Vernunft gegen Unsinn.

Ein Kampf um Sinn und Ziel der Welt wird hier geschildert, der kosmische Aus-
maße hat und die ganze Schöpfung betrifft. Dieser Kampf ist wahrhaft aufreibend
und hat doch als Ziel, daß Gott ganz klar als der hervortritt, der er ist. So ist es auch
beim Menschen: Die Katastrophen seiner Vergänglichkeit sind nur Ausdruck seines
Weges. An dessen Ende zeigt sich, was bleibt.[74]

1 QH 3,19-36 Lohse

Ich will dich lobpreisen, Herr,
denn du hast mich befreit aus dem Abgrund,
und aus Hölle und Unterwelt hast du mich heraufgeführt
auf die Höhe, die unvergänglich ist.
Und ich kann gehen auf ebenem Weg,
ohne ihn je ganz zu erkunden.
Und ich weiß, daß der hoffen darf,
den du geformt hast aus Staub
für die Gemeinde, die unvergänglich ist.
Doch alle Schlingen des Bösen sind ausgelegt,
und das Netz der Heimtückischen liegt auf dem Wasser bereit.
Denn alle Pfeile, die Unheil tragen, schwirren – zielsicher,
und sie treffen vernichtend – hoffnungslos.
Denn das Maß des Gerichts wird bestimmt,
und der Zorn wird den Verlorenen zugeteilt,
und die Wut ergießt sich auf die Heimtückischen,
und die Zeit der Zornesglut beginnt für jeden Teufel,
und tödliche Stricke fesseln – rettungslos.
Und die Flüsse, die vom Teufel kommen,
überfluten alle hohen Ufer
wie verzehrendes Feuer,
das jeden grünen und jeden dürren Baum an ihren Armen vernichtet.
Und das Feuer springt hierhin und dorthin
mit lodernden Flammen,
bis die Gewächse nicht mehr sind, die von den Flüssen getrunken hatten.
Es frißt an den Fundamenten der Erde
und am Sockel des Festlands.
Die Grundmauern der Berge geraten in Brand,
und die Wurzeln des Gesteins ertrinken in Strömen siedenden Pechs.
Das Feuer frißt alles,
bis es zur großen Flut in der Tiefe gelangt.
Und die Flüsse, die vom Teufel kommen,

brechen durch bis zur Unterwelt.
Und es brausen die Gezeitenströme
der Flut in der Tiefe
durch die reißenden,
Schlamm auswerfenden Wasser.
Und die Erde schreit gellend auf
ob des Verderbens auf ihrem Rund.
Und alle Gezeitenströme tosen.
Und wer immer auf der Erde wohnt,
verliert den Verstand
und vergeht im großen Verderben.
Denn der Herr spricht im Donner,
im Reichtum seiner Macht,
und der heilige Himmel, wo er wohnt,
läßt sich wunderbar vernehmen
in unvergänglicher Herrlichkeit.
Und die himmlische Heerschar
erhebt ihre Stimme,
daß die ewigen Grundmauern zittern und beben.
Und der Krieg der Starken des Himmels
springt hierhin und dorthin auf dem Erdenrund
und hält nicht inne bis zum bitteren Ende.
Doch dann ist sein Untergang beschlossen,
bis alles vorbei ist.

Der Kampf um den Sinn wird auch auf der Ebene des Lehrens ausgefochten. Hier spricht ganz konkret ein Lehrer, der innerlich und äußerlich angefochten ist. Die Gegner sind typische Skeptiker. Sie bezweifeln, daß es sich um Offenbarung handelt. Doch im Blick auf Gott wird der Beter seiner Sache wieder sicher. Daß Gott »Gerechte und Sünder« geschaffen hat, ist nicht Ausdruck einer nur mechanischen Weltordnung oder absoluten Vorherbestimmung, sondern des Vertrauens.[75]

1 QH 3,37 – 4,40 Cohse

Ich will dich lobpreisen, Herr,
denn du bist mir eine feste Mauer
und du hast mich behütet vor schrecklichem Unglück.

Du hast meinen Fuß auf Fels gestellt
und meine Schritte auf festen Weg
und auf Pfade, die du bestimmt hast.
Ich will dich lobpreisen, Herr,
denn du hast mir Klarheit geschenkt,
daß ich mich deinem Bund zuwende.
Ich will dich suchen.
Und wie das Morgenrot
sicher und deutlich kommt,
so hast du dich mir in Klarheit gezeigt.
Aber die anderen führen dein Volk in die Irre,
sie haben schmeichlerische Worte erfunden für diese Menschen.
Und Menschen, die Irrtum verbreiten,
haben das Volk verführt,
und ohne Einsicht kam es zu Fall.
Verblendet handeln sie,
denn verachtenswert bin ich für sie,
und sie halten nichts von mir,
obwohl du doch deine Macht an mir erweist.
Sie vertreiben mich aus meinem Land
wie einen Vogel aus seinem Nest.
Und alle meine Freunde und Bekannten
haben sich vertreiben lassen aus meiner Nähe,
und sie halten mich für ein zerbrochenes Geschirr.
Doch sie verbreiten Irres und sehen Gespenster,
den Teufel denken sie sich aus gegen mich:
Ich solle dein Gesetz, das du in mein Herz geschrieben,

eintauschen gegen Schmeichelrede für dein Volk.
Und sie verschließen den Trank der Erkenntnis
vor denen, die Durst haben,
und geben ihnen Essig zu trinken gegen den Durst.
So verläßt man sich dann auf ihren Unsinn,
läßt sich verwirren durch ihren falschen Kalender
und verfängt sich in ihren Netzen.
Doch du, Herr, weist zurück
alles Denken, das vom Teufel kommt.
Und was du uns zu sagen hast,
bleibt bestehen,
und was dein Herz denkt, hat ewig Geltung.
Aber sie sind heimtückisch
und denken sich Schandtaten aus,
die vom Teufel kommen.
Und sie suchen dich mit unlauterem Herzen
und stehen nicht fest in dir, der du Bestand verleihst.
Ihr Denken ist durchtränkt von Gift und bitterem Wermut.
Und ihr Herz ist verstockt,
so gehen sie dahin und suchen dich unter den Götzen
und straucheln über das,
was sie vor sich als Abgötter aufstellen,
und werden schuldig.
Und sie kommen, dich zu suchen
nach dem Wort von verlogenen Propheten,
die irregeleitet sind von Wahnwitz.
Und sie reden zu deinem Volk
mit Lästern und unverständlicher Sprache.
So verraten sie sich in ihrer Unlauterkeit
durch alles, was sie tun.
Denn sie hören nicht auf deine Stimme,
und sie achten nicht auf dein Wort.
Denn sie sagen über Offenbarung:
»Man weiß nicht, ob es Offenbarung ist«,
und zum Weg, der nach deinem Herzen ist: »Das ist kein Weg.«
Doch du, Herr, wirst ihnen antworten,
indem du sie richtest in deiner Macht
wegen ihrer Götzen und wegen ihrer großen Schuld.
So verstricken sie sich in ihren Machenschaften,
denn sie haben sich weit entfernt von deinem Bund.

Und du wirst vernichten im Gericht
alle unlauteren Menschen,
und alle, die Unsinn offenbaren, werden nicht mehr sein.
Denn alles, was du tust, ist weise ganz und gar,
und alles ist lauter im Denken deines Herzens.
Und wer nach deinem Sinn ist, wird vor dir stehen für immer,
und die nach deinem Herzen handeln,
haben für immer Bestand.
Und ich halte mich fest an dir,
und so will ich mich aufrichten
und will aufstehen gegen die, die mich schmähen,
und mich wenden gegen alle, die mich verachten.
Denn sie schätzen mich erst,
wenn du deine Macht erweist an mir.
Und du zeigtest dich mir in deiner Macht
und hast vollständige Klarheit geschenkt
und hast nicht zuschanden werden lassen
alle, die mir bereitwillig zuhörten.
Sie haben sich vereint zu deinem Bund.
Die nach deinem Herzen handeln, hörten auf mich.
Und sie stellten sich auf, dir zu Ehren,
im Kreis der heiligen Engel.
Und du entscheidest allezeit richtig für sie
und erteilst Weisung, die sich bewährt.
Und du läßt es nicht zu, daß sie irregeleitet werden
durch elende Menschen,
wie diese es gegen sie ausgedacht haben.
Du flößt deinem Volke Ehrfurcht ein
vor denen, die im Kreis der Engel stehen,
und wirst alle Heidenvölker in ihren Ländern zerschlagen.
So vernichtest du im Gericht alle,
die dein Wort übertreten.
Aber durch mich hast du vielen Menschen
Klarheit geschenkt und deine Macht erwiesen unzählige Male.
Denn du hast mich erkennen lassen
Verborgenes und Wunderbares,
und in deinem staunenswerten Ratschluß
hast du deine Macht erwiesen an mir.
So hast du staunenerregend gehandelt vor allen,
um deine Herrlichkeit zu zeigen,

und läßt alles Lebendige erkennen
die Zeichen deiner Macht.
Was ist Fleisch im Vergleich zu ihnen,
und was ist eine Form aus Lehm,
daß sie verherrlichen könnte deine staunenerregenden Taten?
Vielmehr ist sie Sünde vom Mutterschoß an
und bis ins Alter voll Schuld durch treuloses Handeln.
Und ich weiß, daß am Menschen nichts gerecht ist
und daß er keinen geraden Weg kennt.
Alle gerechten Werke sind beim höchsten Gott,
doch unsicher ist der Weg des Menschen,
er halte sich denn an den Geist,
den Gott für ihn geformt hat,
um den Weg der Menschenkinder gerade zu machen.
So sollen sie alle seine Taten wahrnehmen,
die er mit großer Macht gewirkt hat,
und sein reiches Erbarmen,
das er zugewendet allen, die er erwählt hat.
Ich aber bin voll von Furcht und Zittern,
und alle meine Knochen sind wie zerschlagen.
Mein Mut ist zerronnen wie Wachs am Feuer,
und meine Knie sind wie Wasser,
das den Abhang hinunterfließt.
Denn ich denke an meine Verschuldungen
und auch an die Treulosigkeit meiner Väter.
Denn damals erhoben sich Frevler gegen deinen Bund
und Empörer gegen dein Wort.
Und ich sage: In meiner Schuld
bin ich verlassen und fern von deinem Bund.
Aber wenn ich denke an deine machtvolle Hand
und auch an dein reiches Erbarmen,
stehe ich auf und erhebe mein Haupt
und bin gestärkt
und sehe der kommenden Pein ins Auge.
Denn ich baue auf die Zeichen deiner Gnade
und auf dein reiches Erbarmen.
Denn du deckst die Schuld zu
und reinigst den Menschen von Sünde.
Denn du bist barmherzig und gerecht.
Doch nicht für den Menschen hast du dies getan,

sondern um deiner Herrlichkeit willen.
Denn du hast erschaffen Gerechte und Sünder.
Ich will festhalten an deinem Bund.
Denn auf dich ist Verlaß,
und alle deine Taten sind gerecht.

Expressiv schildert der Psalm das psychische und physische Leiden des Verfolgten.
Der Beter äußert alles dieses vor Gott und ist schon allein auf diese Weise nicht allein
in seiner Bedrängnis.[76]

1 Q 4 7,1-5 Colose

Ich verstumme,
mein Arm ist aus seinem Gelenk gebrochen,
und mein Fuß ist im Sumpf versunken.
Blind sind meine Augen,
weil ich das Böse mit ansehen muß.
Und meine Ohren sind taub,
weil ich von Blutvergießen höre.
Mein Herz entsetzt sich,
weil sie Böses anzetteln.
Denn wenn sie Schreckliches aushecken,
grinst der Teufel hervor.
Und alle Grundfesten meines Hauses bersten.
Mein Körper ist wie zerhackt,
meine Glieder baumeln herunter an mir
wie ein führerloses Schiff im wilden Strom.
Und mein Herz flattert,
als müßte ich sterben,
und ein Wirbelwind will mich verschlingen,
denn so groß ist ihre Schuld.

Der Beter hat viele Gegner, aber er vertraut auf Gott als den Herrn, der alles zu seiner Verherrlichung geschaffen hat und geschehen läßt. Ähnlich wie im Messiasgeheimnis des Markusevangeliums hält Gott auch hier die Legitimität des Lehrers noch verborgen. Der Psalm führt das Thema des Leidens des Gerechten in eine neue Dimension.[77]

1 QH 5,20 – 6,10 Lobloise

Gelobt bist du, Herr,
denn du verläßt nicht die Waise,
und den, der Mangel leidet, verachtest du nicht.
Denn deine Macht ist unerforschlich
und deine Herrlichkeit grenzenlos,
und wunderbare, mächtige Wesen
sind deine Diener.
Und bei den Demütigen bist du,
wenn sie den Boden unter den Füßen verlieren,
und bei denen, die Gerechtigkeit achten.
Du führst in die Höhe
gemeinsam aus gefährlichem Strudel
alle, die arm sind, aus Gnade erwählt.
Und es streiten und zanken mit mir
meine Genossen.
Vorwurfsvoll und zornig sind,
die zu meinem Bund gehören.
Unzufrieden und aufgebracht sind sie
gegen alle meine Vertrauten.
Auch die mein Brot aßen,
haben mir den Rücken gekehrt.
Und alle, die zu meinem Kreis gehörten,
lästern gegen mich
und werden schuldig durch Worte.
Und die Menschen meiner Richtung
sind trotzig und murren gegen mich ringsum.
Und wegen der geheimen Botschaft,
die du mir anvertraut hast,
verleumden sie mich
unter denen, die auf der Unheilsseite stehen.
Noch hältst du verborgen,
woher meine Weisheit kommt,

und meine Gabe, verläßlich zu unterweisen,
damit du dich als groß erweisen kannst an mir
und damit sie schuldig werden.
Aber sie sinnen auf Böses in ihren Herzen
mit teuflischen Machenschaften,
und sie lügen, wenn sie nur den Mund auftun.
Schlangengift ist in ihren Worten,
das wie Giftkraut sproßt zu seiner Zeit.
Und wie Schlangen, die im Staub kriechen,
tragen sie drohend Gift in sich,
dem niemand wehren kann.
So wirkte das Gift
als unheilbarer Schmerz
und als schlimme Qual
in mir, deinem Sklaven.
Es könnte mir zur Falle werden
und meine Kraft zerstören,
so daß ich nicht mehr sicher stehen kann.
Sie setzen mir nach,
bedrängen mich und greifen nach mir,
so daß kein Entkommen ist.
Und auf ihrer Zither
stimmen sie lärmend ein Streitlied gegen mich an,
mit ihrem Saitenspiel
begleiten sie gemeinsam ein Spottlied gegen mich
und drohen mit Tod und Untergang.
Ängste greifen nach mir
und Schmerzen wie Wehen einer Schwangeren,
und unruhig ist mein Herz.
Finsternis ist mein Gewand,
und meine Zunge klebt am Gaumen.
Wunsch und Wille der anderen
wurden für mich Bitternis.
Mein Angesicht, einst hell,
wurde dunkel und finster,
und Glanz verwandelte sich in Schwärze.
Doch du, mein Gott,
hast einen weiten Raum
aufgetan in meinem Herzen.

Doch die anderen bedrängen mich zusehends
und bedecken mich mit Finsternis.
Und ich esse vom Brot des Stöhnens,
und was ich trinke,
vermischt sich mit Tränen ohne Unterlaß.
Denn meine Augen werden matt vor Gram,
Tag für Tag bin ich in Bitternis.
Stöhnen und Kummer umzingeln mich,
mein Angesicht zeigt Schmach und Beschämung.
Streit ist mein täglich Brot
und Ärger mein Trank,
und da es in mich dringt,
läßt es mich straucheln
und verzehrt meine Kraft.
Heimtückisch wie die Sünde
in ihrer verborgenen Macht
ändern sie die Regeln der Werke Gottes
in ihrer Schuld.
Denn mich hat man gebunden mit Stricken,
die keiner zerreißen kann,
und mit Ketten,
die keiner sprengen kann.
Du hast mein Ohr geöffnet
für jene, die Gerechtes lehren,
weitab vom Kreis derer, die Wahnwitz glauben,
und von der Kumpanei der Gewalttat.
Du führst mich in deine Gemeinde.

Und ich weiß, daß es eine Hoffnung gibt
für jene, die der Schuld den Rücken kehren
und die aufhören zu sündigen.
So gehen sie dann auf dem Weg, der nach deinem Herzen ist,
und meiden die Schuld.
Und ich lasse mir beistehen
gegen das lärmende Volk
und das Kampfgetöse der laut streitenden Heere,
die sich versammelt haben.
Denn ich weiß, daß du bald blühen läßt
neues Leben in deinem Volk

und bei einer kleinen Zahl derer,
die dein sind.
Und du läuterst und reinigst sie von Schuld,
denn alles, was sie tun,
ist aufgehoben in deiner Treue.
Und gnädig regierst du sie,
du erbarmst dich reichlich,
weitherzig vergibst du,
du lehrst sie so, wie du sprichst,
du handelst gerecht und treu,
nimmst sie auf in deine Gemeinde.
Zu deiner Verherrlichung
und um deinetwillen tust du dies alles.
So bringst du zur Geltung dein Gesetz
und deine Treue.

Tafel 15: *Umgebung von Qumran*

Tafel 16: *Blick von Qumran zum Toten Meer*

An verborgenen Quellen sind Lebensbäume versteckt

Danklieder

*In eindrucksvollen Bildern schildert der Beter seine Bedrängnis und seine Rettung.
Die Feinde sind nicht nur außerhalb, sondern auch die eigene Begierde macht ihm zu
schaffen. Aber das alles dient nur der Läuterung, dem Weg zu Gott und zu sich
selbst.*[78]

1QH 5,1–19 Lohse

Ich will dich lobpreisen, Herr,
denn du verläßt mich nicht
und verurteilst mich nicht trotz meiner Schuld.
Du überläßt mich nicht meiner Begierde,
sondern rettest mein Leben vor dem Abgrund.
Du gewährst mir Schutz inmitten von Löwen,
die sich auf die Schuldigen stürzen sollen,
die die Knochen selbst der Stärksten zermalmen
und das Blut der Mächtigsten trinken.
Und du hast mir aufgetragen zu wohnen
unter vielen Fischern,
die das Netz auf dem Wasser ausbreiten,
und unter den Jägern,
die auf die Sünder angesetzt sind,
und hast dort zum Gericht mich bestellt.
Und du hast gefestigt in mir die Gabe,
verläßlich zu unterweisen,
und daher können den Bund finden,
die ihn suchen.
Und du hast verschlossen
das Maul von Junglöwen,
deren Zähne messerscharf
und deren Fangzähne pfeilspitz sind.
Schlangengift sind all ihre Machenschaften,
und sie liegen auf der Lauer,
um zu verschlingen.
Aber gegen mich reißen sie das Maul nicht auf,
denn du, o Gott, gibst mir Deckung
vor den Menschen,
und deine Weisung
muß so lange in mir verborgen bleiben,
bis du offenbarst, daß du mir hilfst.

Denn in meiner Bedrängnis
verläßt du mich nicht,
und mein Schreien hörst du
in meiner Bitternis.
Und du verhilfst mir zu Recht
und wendest meine Not
und hörst mein Stöhnen.
Du rettest den Armen
aus der Höhle der Löwen,
die die Lefzen sich lecken,
die Zähne geschärft.
Und du, mein Gott, hältst ihnen das Maul zu,
daß sie nicht ihr Opfer zerreißen.
Und du steckst zurück ihre Zunge
wie ein Messer in die Scheide,
bevor sie deinen Sklaven zerreißen.
Und um durch mich deine Macht zu zeigen
vor den Menschen,
hast du staunenerregend gehandelt
an mir, der ich arm bin.
Und du hast mich geläutert
im Ofen wie Gold
durch das Wirken des Feuers
und wie Silber
in der vom Blasebalg entfachten Glut,
daß es siebenfach gereinigt ist.
Und gottlose Heiden eilen herbei,
mich zu quälen,
tagaus tagein bedrängen sie mich.
Aber du, mein Gott, heißt den Sturm wieder schweigen,
und den Armen rettest du
aus der Gewalt der Löwen.

Trotz des großen Abstandes zwischen Gott und Mensch hat Gott den Beter gerufen und in den Kreis der Auserwählten gestellt. Hier kann er auf Gottes Erbarmen hoffen.[79]

Ich will dich, Herr, lobpreisen,
denn du hast mich unterwiesen in deiner Treue.
Und was verborgen und wunderbar,
hast du mich wissen lassen.
Und du hast mir, der ich verloren war, kundgetan
deine Gnadentaten.
Und groß ist dein Erbarmen gegen alle,
die ein verkehrtes Herz haben.
Wer unter den Göttern ist wie du, Herr, mein Gott,
und welche Treue ist wie deine?
Und wer ist gerecht vor dir,
wenn du Gericht hältst?
Und keine Widerrede gibt es,
wenn du strafst.
Alles Gepränge ist wie Windhauch.
Und nicht einer kann bestehen vor deinem Zorn.
Aber wem du deine Treue erweist,
dem vergibst du.
Und du läßt alle vor dich treten.
Du reinigst sie von ihren Sünden,
weil du sehr gütig bist
und dich reichlich erbarmst.
Du gibst ihnen einen Platz
vor dir für alle Zeit.

Denn du bist der ewige Gott,
und alles, was du in die Wege leitest,
hat Bestand für immer und alle Zeit.
Und kein Gott ist neben dir.
Aber was ist der Mensch?
– leer und ein Hauch.
Er kann deine großen und wunderbaren Werke
nicht verstehen.

Ich will dich, Herr, lobpreisen!
Denn du hast mich nicht zur Gemeinde der Lügner gezählt
und mich nicht in den Kreis der Verschlagenen gestellt.
Ich vertraue auf deine Gnade
und auf Vergebung in deinem reichen Erbarmen.

Immer wieder finden wir in den Psalmen von Qumran den Gedanken, der hier knapp entfaltet ist: Der Mensch ist schwach und ungerecht, aber Gott hat ihm Einsicht geschenkt, er weiß um Gott, und also lobt er Gott. Das ist elementarer Ausdruck seiner Würde, die ihn über den Lehmkloß erhebt.[80]

4 Q 511,23

Sie jubeln in Gott mit Lobpreis,
und ich singe dir Dank,
denn um deiner Herrlichkeit willen
hast du mir Verstehen geschenkt,
obwohl mein Denken und Planen von Staub ist.
Ich soll dich loben.
Ich bin geknetet aus Lehm,
und Finsternis ist mein Werk,
und Ungerechtigkeit ist in den Gliedern der Kreatur.

*Der Beter entfaltet das Bild von Wasser und Pflanzung in verschiedene Richtungen:
Es gibt die lebenspendende Quelle, aber es gibt auch die reißenden Fluten. Da der
antike Mensch beidem unmittelbar ausgesetzt ist und kaum etwas regulieren kann,
werden diese Vorgänge zum Bild für Gnade, Bedrohung und Rettung. Gott gibt
Leben und Trost.*[81]

1 QH 8,1–39 Lohse

Ich will dich, Herr, lobpreisen!
Denn du hast mich bestellt
zum Ursprung vieler Bäche
im trockenen Land
und hast mich zur Quelle in der Wüste gemacht
und zum Wasserspender eines Gartens.
Du hast Wacholder, Buchsbaum mit Zedern zusammen gepflanzt
zu deiner Herrlichkeit.
Und an verborgener Quelle
sind Lebensbäume versteckt
inmitten der anderen Bäume am Wasser.
Und ihre Aufgabe ist, Sprosse zu treiben,
damit der Garten ewig besteht.
Und ehe sie treiben, sollen sie Wurzeln schlagen
und ihre Wurzeln zum Wasserlauf ausstrecken.
Und jeder lebendige Baum richtet seinen Wurzelstock
zum sprudelnden Wasser hin,
und dies wird zur Quelle für alle Zeit.
Und von seinen jungen Blättern
nähren sich alle Tiere des Waldes,
und über seine Wurzelarme gehen alle,
die des Weges kommen.
Und seine Zweige sind Nistplatz für alle Vögel.
Die Bäume am Wasser werden größer als er,
weil sie zusammen stehen.
Doch zum Flußbett hin
richten sie ihre Wurzeln nicht.
Der heilige Sproß aber
treibt Blüten hervor, so daß er nicht vergeht,
auch wenn er verborgen ist,
mißachtet und unerkannt.

Es bleibt sein Geheimnis,
wer er eigentlich ist.
Aber du, Gott, hast eine schützende Schale gebildet
um seine Frucht
durch geheimnisvolle, wunderbare Mächte
und durch heilige Engel
und die blitzende Flamme,
damit niemand an die Quelle des Lebens gelangt
und wie die ewigen Bäume
vom heiligen Wasser trinkt
und seine Früchte wachsen läßt
wie auch die Bäume des Himmels.
Denn wer so ausgeschlossen bleibt,
sieht, ohne zu erkennen,
er macht Pläne, ohne daß er sich verlassen könnte
auf die lebendige Quelle.
Aber ich bin den Fluten
reißender Flüsse ausgesetzt,
und sie haben ihren Schlamm auf mich geworfen.
Doch du, mein Gott, machst meine Worte
erquickend wie Regen am Morgen
für alle, die durstig sind,
und zu einer Quelle sprudelnden Wassers,
die nicht lügt.
So soll ich den Himmel aufschließen.
Meine Worte versickern nicht,
sondern werden zu mächtigem Wasser,
zu reißendem Strom
und zu grenzenlosem Meer.
Plötzlich sprudelt hervor,
was im Verborgenen war.
Aber durch mich
hast du eine Quelle für sie aufgetan,
so daß Bäche fließen.
Ich richte mich nach festem Plan
und pflanze die Bäume je nach dem Sonnenstand,
daß herrliche Zweige hervorkommen.
Wenn ich mit meiner Hand
Wassergräben für sie ziehe,
schlagen sie ihre Wurzeln

in hartes Felsgestein,
und ihr Stamm steckt in der Erde
und bleibt in der Sommerhitze kräftig.
Doch wenn ich meine Hand zurückziehe von ihm,
verdorrt sein Stamm
wie eine Tamariske in der Wüste,
und statt seiner wuchern
Platterbsenpflanzen auf salzigem Boden;
und Dornen und Disteln
klettern an seinen Wassergräben hinan,
und Gestrüpp und Dornen decken alles zu.
Was ich gepflanzt,
wird zu Bäumen mit faulen Früchten;
durch die Hitze verdorren ihre Blätter.
Kein Brunnenloch, das eine Quelle bietet.
Schreckliche Krankheiten verstärken die Plage.
Und ich bin ein verlassener Mensch,
keine Zuflucht gibt es für mich.
Denn meine Qual wächst,
wird Bitternis und unheilbarer Schmerz,
den keiner stillt.
Ich habe Angst wie einer, der zur Hölle fährt,
und muß angstvoll zittern wie die Toten.
Denn die Feinde haben mich an den Rand des Grabes gebracht.
Tag und Nacht
erfüllt mich Entsetzen,
ich finde keine Ruhe.
Und es brennt wie loderndes Feuer
in meinen Gliedern.
Tagelang frißt die Flamme meine Kraft
und meinen Körper für alle Zeit.
Und Wellen stürzen auf mich ein.
Und ich liege am Boden,
denn meine Kraft hat meinen Körper verlassen,
und mein Herz zerrinnt,
wie Wachs schmilzt mein Leib,
und die Kraft meiner Lenden ist am Ende.
Mein Arm ist aus dem Gelenk gebrochen,
so daß ich meine Hand nicht bewegen kann.
Mein Fuß ist gefesselt,

und meine Knie sind wie Wasser,
ich kann keinen Schritt tun,
mit den Füßen kann ich nur scharren, nicht gehen,
Fesseln lassen mich stolpern.
Doch meiner Stimme gibst du Kraft,
und sie versagt nicht.
Und niemand konnte die Stimme der Jünger
zum Schweigen bringen.
Du gabst Leben dem Geist der Strauchelnden
und ermunterst den, der erschöpft ist
und nicht reden kann.
Doch alle Lippen der Gegner sind verstummt.

Der Beter fragt nach Orientierung. Er zweifelt und findet im Gebet die Antwort:
Gott selbst ist der Maßstab.[82]

4 Q 511, 18, Kol 2

Gibt es Dummes in meinen Worten? Nein!
In dem, was über meine Lippen kommt? Nichts Unnützes.
Und mein Geist und Verstand? Keine gottlose Tat! Die hasse ich.

Denn Gott läßt aufleuchten in meinem Herzen
Verstehen und Einsicht.
Und meine Richtschnur ist Gerechtigkeit
in meinen Verkehrtheiten.
Meine Richtschnur ist Redlichkeit
in allen Fehlern, durch die ich schuldig werde.
Denn der Herr ist meine Richtschnur,
und er läßt mich nicht in der Hand der Gottlosen.

Der Segen Gottes über dem Land wird zum Bild für die Wohltat, daß Gott Men-
schen in seinem Namen gesammelt hat und daß sie sich darüber freuen können.[83]

4 Q 509,3

Du erfreust uns, weil du uns rettest
aus unsrer Bedrängnis.
Und du hast uns aus der Verstreuung gesammelt.
Deine Gnade ist über unserer Gemeinde
wie die Regengüsse über dem Land zur Zeit der Aussaat
und wie die Platzregen über den Pflanzen, wenn es grünt.
Und wir erzählen deine wunderbaren Taten
von Generation zu Generation.
Gelobt bist du, Herr, der du uns erfreust.

Wehen erschüttern mich

Klagelieder – Erfahrungen von Frauen

Die Schwangerschaft einer Frau, ja der Geburtsvorgang selbst wird zum riskanten Bild für die Situation des bedrängten Beters und des bedrängten Gerechten überhaupt. Dem Geburtsvorgang auf der Seite der Gerechten, aus dem eine messianische Gestalt hervorgeht, der „wunderbare Ratgeber" nach Jesaja 9,5, steht ein vergleichbarer Vorgang auf der Gegenseite gegenüber. Auch dort kommt Neues in die Welt, jedoch Unheilvolles.[84]

1 QH 3,1–8   Lohse

Du hast mir das Angesicht erleuchtet.
Aber sie bedrängten mich
wie die Wellen das Schiff auf hoher See
und belagerten mich
wie der Feind die befestigte Stadt.
Ich war in Nöten
wie eine Frau, die ihr erstes Kind gebiert,
denn Wehen überfallen sie,
und wahnsinniger Schmerz leitet ihre Wehen ein
und durchzuckt den Leib der Gebärenden.
Denn Stoß gesellt sich zu Stoß,
bis vor Wehen Todesangst sie überfällt.
Und die einen Sohn bekommen soll,
wird durch ihr Kreißen gepeinigt.
Denn mit ihren Wehen in Todesangst
bringt sie einen Sohn hervor.
Und unter höllischem Kreißen
bricht hervor aus dem Leib der Gebärenden
ein wunderbarer Ratgeber,
ganz kräftig ist das Kind.
Denn ein Sohn kommt hervor aus den Wehen.
Im Leib seiner Mutter
zucken alle Wehen immer heftiger,
und sie leidet wahnsinnige Schmerzen,
wenn sie gebiert.
Stöße überfallen die Gebärende,
und wenn das Kind geboren wird,
brechen alle Geburtsschmerzen los
im Leib der Gebärenden.
Doch auch die schwanger ist mit Irrwitz,
kommt in wahnsinnige Schmerzen.

Auch die Wehen, die Unheil bringen,
lassen sie schmerzvoll erbeben.
Und Mauerfundamente bersten
wie ein Schiff auf dem Meer,
und Wolken krachen
mit lautem Dröhnen.
Und die auf dem Lande wohnen
sind wie solche, die übers Meer fahren,
sie erschrecken vor dem Tosen des Meeres,
und ihre weisen Männer sind wie Seeleute inmitten hoher See.
Denn verschlungen wird
all ihre Weisheit vom Tosen des Meeres.
Wenn Fluten heranstürzen aus den Quellen
und sich zu hohen Wellen auftürmen
und Wassermassen mit mächtigem Tosen heranstürzen,
öffnen sich Hölle und Unterwelt.
Und mit ihnen schwirren alle Pfeilgeschosse, die Unheil tragen
und deren Geräusch zu hören ist
bis in den letzten Winkel des Meeres.
Und es öffnen sich die Pforten der Hölle,
daß aller Irrwitz herauskommt.
Und wenn die Frau, die das Verderben gebiert,
hervortritt, schließen sich hinter ihr die Tore des Abgrunds.
Und wenn alle Geister des Irrwitzes
hervortreten, schließen sich hinter ihnen
die ewigen Riegel des Schattenreiches.

Jerusalem wird mit einer verlassenen Frau verglichen, mit einer, die keine Kinder bekommen kann und die deshalb verstoßen wurde, und mit einer, der man ihr einziges Kind genommen hat. Die großen psychischen und sozialen Nöte der antiken jüdischen Frau werden hier zum Bild für den Zustand Jerusalems nach der Zerstörung.[85]

4 Q 179

Wie einsam liegt die Stadt da!
Die Prinzessin aller Völker ist verlassen
wie eine im Stich gelassene Frau,
und all ihre Töchter sind verlassen
wie eine im Stich gelassene Frau,
wie eine Frau, die verletzt ist und verlassen
von ihrem Mann.
All ihre Plätze und Mauern sind
wie eine unfruchtbare Frau,
und wie eine schutzsuchende Frau
sind all ihre Gassen.
Alles ist voll Bitterkeit wie bei einer Frau,
und all ihre Töchter sind wie Frauen,
die um ihre Männer trauern.
Alles bei ihr ist wie bei Frauen,
denen man ihr einziges Kind genommen.
Weine, weine, Jerusalem.
Tränen fließen über ihre Wangen
wegen ihrer Kinder.

Wir feiern deinen Namen alle Zeit

Lob- und Segenstexte zu bestimmten Zeiten

Nach antiker jüdischer Vorstellung kommt die Sonne an jedem Tag des Monats durch ein anderes Tor am Himmel und verschwindet auch durch ein anderes. So erklärt man die verschiedenen Sonnenstände. Das »sechste Tor« ist daher der 6. Tag eines Monats.[86]

4 Q 503, 7–9, Kol 4

Gelobt sei der Gott Israels,
der aufgehen läßt das Licht des Tages,
damit wir Erkenntnis erlangen können.
Er hat es erneuert im sechsten Tor des Lichtes.
Und wir, die Kinder deines Bundes,
preisen deinen Namen
mit all den Heerscharen des Lichts
in allen Sprachen, dank derer es Erkenntnis gibt.
Gelobt sei der Herr und
Friede sei dir, Israel.

Der Friedenswunsch »Friede sei dir, Israel« findet sich auch im Neuen Testament im Galaterbrief 6,16.[87]

4 Q 503, 1–6, Kol 3

Bei Aufgang der Sonne am Himmelsfirmament sollen sie beten:
Gelobt sei der Gott Israels.
Heute hat er erneuert im vierten Tor das Licht
und die Wärme der Sonne,
bis sie vorübergeht
durch die Macht seiner mächtigen Hand.
Friede sei dir, Israel.

Tafel 17: *Tauchbad in Qumran*

Tafel 18: *En Gedi*

Das Fest der Ruhe und der Freuden dürfte wohl ein Sabbat gewesen sein. Die Gabe des Sabbats entspricht der Erwählung Israels, denn er war in der Antike Israels besonderes Kennzeichen und wurde vielfältig nachgeahmt.[88]

4Q 503, 24-25

Und wenn sich die Sonne erhebt, die Erde zu erleuchten,
sollen sie lobpreisen.
Gelobt sei der Gott Israels, der uns erwählt hat
aus allen Völkern auf der Erde
für ein Fest der Ruhe und der Freuden.

Die Engel loben Gott zu allen Stunden der Nacht mit Liedern, die der Gemeinde bekannt sind. Durch dieses Wissen ist sie ausgezeichnet.[89]

4Q 503, 51-53

Am Abend sollen sie lobpreisen:
Gelobt sei der Gott Israels.
Du hast uns kundgetan die Lobgesänge deiner Herrlichkeit
zu allen Stunden der Nacht.
Friede sei dir, Israel.

Und wenn sich die Sonne erhebt, die Erde zu erleuchten,
sollen sie lobpreisen:
Gelobt sei der Gott Israels.
Er läßt uns erkennen den Plan seiner großen Einsicht
und Teile des Lichts, damit wir die Zeichen verstehen.

Die Ungerechten sind, so sagt es der Beter hier in kühner Bildersprache, Lösegeld geworden dadurch, daß sie und nicht die Gerechten das Gericht Gottes erleiden. Es könnte sich um einen Neujahrssegen handeln.[90]

1 Q 34 bis 3,1 = 4 Q 508,1

Daß Segen wachse
für die Wolken des Himmels
und die Früchte der Erde,
um zu scheiden zwischen Gerechten und Ungerechten.
Und du hast die Ungerechten gemacht zu unserem Lösegeld.
Du vernichtest unsere Feinde.
Und wir feiern deinen Namen alle Zeit,
denn um seinetwillen hast du uns erschaffen,
und deswegen sagen wir: Gelobt bist du!

Sabbatliturgie

Innerhalb der in Qumran gefundenen Psalmen und Lieder besteht der relativ größte inhaltliche Gegensatz zwischen den Texten der Hymnenrolle (Hodajot; 1 QH) auf der einen Seite und denen der sog. Sabbatliturgie auf der anderen Seite. Während die Hodajot vor allem die Situation des bedrängten Menschen beschreiben und sehr expressiv sind, schildern die Lieder der Sabbatliturgie den himmlischen Gottesdienst. Diese Lieder versuchen, die Heiligkeit Gottes und des Himmels vor Augen zu führen. Unsere traditionellen Vorstellungen vom Himmel sind wesentlich durch Texte dieser Art geprägt. Es handelt sich um wichtige Zeugnisse frühjüdischer Mystik, von der auch die christliche deutlich beeinflußt wurde.

Zum ersten Text: Gott residiert in den himmlischen »Hallen«, wie sein Palast genannt wird. Die in der Übersetzung »Gottwesen« Genannten sind hochrangige Engelwesen, die Gott in ihrer Herrlichkeit ähnlich sind. Sie sind Mittler für die Menschen, da sie »Versöhnung« (Sühne) wirken, und zwar durch ihre Fürbitte. Da der Himmel als Heiligtum gedacht ist, besteht das Kultpersonal aus Priestern.[91]

4 Q 400,1

Vom Lehrer. Liedopfer für den 1. Sabbat am 4. Tag des 1. Monats

Lobt Gott, ihr Gottwesen alle,
ihr Hochheiligen,
und jubelt über die göttliche Würde seines Reiches,
denn unter den allzeit Heiligen
hat er eingesetzt Hochheilige,
und sie sind seine Priester
für das innere Heiligtum seines Reiches,
Diener vor seinem Angesicht
im Tempel-Inneren, das voll ist von seiner Herrlichkeit.
In der Gemeinde aller allwissenden Gottwesen
und aller göttlichen Engel
schrieb er auf seine Gesetze
für alle Engelsgeschöpfe
und schrieb auf seine herrlichen Regeln
für alle, die Erkenntnis schenken
dem Volk, das mit seiner herrlichen Einsicht begabt ist.
Die Gottwesen, die der Erkenntnis ganz nahe sind,
sind Quell der Heiligkeit der Hochheiligen,
Priester des inneren Heiligtums,
Diener vor dem Angesicht des heiligen Königs.

Tafel 19: *Abendstimmung über der Wüste Juda*

Tafel 20: *Wadi zum Toten Meer*

Und ein Gesetz um das andere bekräftigen sie
für die sieben ewigen Versammlungen.
Denn er hat sie für sich eingesetzt
als die hochheiligen Diener im Allerheiligsten.
Und sie wurden groß unter allen in der Versammlung.
Sie sind Fürsten in den Hallen des Königs
und haben je eigene Bereiche und Aufgaben.
Sie ertragen keinen, dessen Weg verdorben ist,
und es gibt keine Unreinheit an ihren heiligen Orten.
Heilige Gesetze schrieb er auf für sie.
Durch sie heiligen sich alle Heiligen für alle Zeit,
und er macht rein, die rein sind, und voll Licht,
so daß sie nicht ertragen alle,
deren Weg voll Schuld ist.
Und sie erwirken Versöhnung in seinem Herzen
für alle, die umkehren von der Sünde.
Erkenntnis ist bei den Priestern des inneren Heiligtums,
und aus ihrem Mund kommen die Weisungen
über alle heiligen Dinge
mit den herrlichen Regeln.
Seine Gnade ist freundlich
und bewirkt Erbarmen allezeit.
Aber eifersüchtig ist er, und groß seine Rache.
Er setzte Priester für sich ein
im inneren Allerheiligsten,
Gottwesen,
Priester in den Himmelshöhen droben,
die ganz nah bei ihm sind.

Außer von Heiligkeit und Herrlichkeit ist in diesen Liedern oftmals auch vom Wissen bzw. der Erkenntnis die Rede. Denn dieses ist die Weise, in der Menschen an dieser Welt teilhaben.[92]

4 Q 400,2

Wunderbar lobpreisen sie deine Herrlichkeit
und die der allwissenden Gottwesen
und deine staunenswerte Königsherrschaft
im Allerheiligsten,
die verherrlicht werden
in allen Heerlagern der Gottwesen
und voll Ehrfurcht verehrt von menschlichen Gemeinden,
da sie ein Wunder sind unter Gottwesen und Menschen.
Und sie erzählen,
wie sie den Glanz seiner Königsherrschaft erfuhren,
und sie rühmen seine Herrlichkeit
in allen Himmeln seiner Königsherrschaft.
Und in all den erhabenen Höhen
singen sie wunderbare Psalmen,
so wie sie es verstehen.
Und sie erzählen
von der glanzvollen Herrlichkeit
des Königs der Gottwesen,
dort wo sie wohnen und sind.
Wie soll man uns zu ihnen rechnen können?
Was gilt unser Priestertum an ihrem Ort?
Und wie kann man unsere Heiligkeit vergleichen
mit ihrer überragenden Heiligkeit?
Was ist das Lobopfer unserer aus Staub geformten Zunge
angesichts der Erkenntnis der Gottwesen?
Laßt uns verherrlichen den allwissenden Gott,
denn sein Verstehen übersteigt
das Verstehen all derer, die allwissend sind.

Der Schöpfer und Planer der Welt ist auch noch immer kriegerisch gedacht, denn die Finsternis ist die Gegenmacht.[93]

4Q 402,4

Denn dem Gott der Gottwesen gehören die Kriegswaffen.
Die Gottwesen bewegen sich nach seinem Plan,
und es gibt lärmenden Tumult,
wenn sie im himmlischen Krieg sind.
Und es gibt wunderbare neue Taten.
All dieses hat er wunderbar getan
nach seinen ewigen Geheimnissen.
Vom allwissenden Gott her wurde
alles, was unvergänglich ist,
und aus seiner Erkenntnis und seinem Wollen
ist alles geworden,
was von Ewigkeit her bestimmt war.
Er erschafft das Erste und das Letzte,
jedes zu seiner Zeit.
Und unter denen, die Erkenntnis haben,
gibt es keinen,
der seine wunderbaren Taten wahrnimmt,
bevor er sie schafft,
und wenn er sie erschafft,
begreifen nicht einmal die Gerechten,
was er vorhat.
Denn sie sind selbst Werke seiner Herrlichkeit,
die er geplant hat, bevor sie wurden.

Lobpreis und Segen sind zwei eng aufeinander bezogene Tätigkeiten. Segen ist Gottes Antwort auf den Lobpreis aus dem Mund der Kreaturen. Oft werden beide Arten zu sprechen mit demselben Wort bezeichnet. Das Wort »segnen« bezeichnet im Hebräischen, Griechischen und Lateinischen jeweils nicht nur die heilvollen Worte von oben nach unten (Gott/Kreatur), sondern auch von unten nach oben (Kreatur/ Gott); im Deutschen läßt sich das leider nicht nachmachen.[94]

4Q 403, I, i, 1-29, daraus 28

Gelobt sei Gott, der König aller Dinge,
über alles Lob und allen Preis.
Er wird segnen alle die Engel, die ihn loben
und die ihn gerecht nennen
im Namen seiner Herrlichkeit.
Und er wird segnen alle,
so daß sie für immer gesegnet sind.

Wenn Gott selbst nur leise spricht, dann ist das auch für die Verkündigung von Botschaften Gottes angemessen.[95]

11 Q 5-6

Wunderbare Werke entstanden
durch die Macht Gottes, der unvergänglich ist.
Und sie sollen rühmen die mächtigen Taten Gottes.
Von den vier Fundamenten
des wunderbaren Firmaments her sollen sie
flüsternd ein göttliches Orakel verkünden.
Sie loben und preisen den Gott der Gottwesen.

Der Psalm schildert himmlischen Gottesdienst und die verschiedenartigen Gestalten von Sprache. Zu diesen gehört auch das Plazet Gottes zum Tun der Engel. In diesem Psalm werden die Gebäudeteile als Personen vorgestellt, wie es auch im frühchristlichen Verständnis von der Gemeinde als Tempel zu finden ist (mit Eckstein, Fundamenten usw.).[96]

4 Q 403, i, 36–40

Vom Lehrer. Gesang für das Lobopfer am 7. Sabbat, am 16. Tag des Monats

Lobt Gott in den erhabenen Höhen,
ihr erhabenen unter all den allwissenden Gottwesen.
Heiligen sollen die heiligsten der Gottwesen
den König der Herrlichkeit,
der mit Heiligkeit heiligt
all seine heiligen Engel.
Ihr Vorsinger aller Gottwesen,
lobt den herrlich zu preisenden Gott.
Denn der Glanz des Lobes
ist die Herrlichkeit seines Königreiches.
Von dorther kommt
all der Lobpreis der Gottwesen
und der Glanz seiner Majestät.
Und seinen Ruhm rühmt im höchsten Himmel,
ihr göttlichsten unter den erhabenen Gottwesen,
und rühmt seine herrliche Gottheit
über all den erhabenen Höhen.
Denn er ist der Gott der Gottwesen,
Gott all der Anführer der Himmelshöhen
und König der Könige,
König aller Versammlungen, die unvergänglich sind.
Durch die Worte seines Mundes
entstanden all die erhabenen Engel,
und als er die Lippen öffnete,
alle ewigen Geister.
Durch seine Vorsehung und seinen Plan
entstanden all seine Kreaturen
mit dem, was sie tun.
Jubelt, die ihr Gott erkannt habt,
jubelt zusammen mit den wunderbaren Gottwesen

und besingt seine Herrlichkeit
in der Sprache aller, die besingen
die Erkenntnis Gottes
in Jubelrufen, die vom Wunder Gottes zeugen.
Stimmt ein alle, die singen können.
Denn für immer ist er
der Gott aller, die besingen
die Erkenntnis Gottes,
und er ist ein mächtiger Richter
aller vernunftbegabten Engel.
All ihr Gottwesen, gebt Ehre dem König der Ehre,
denn seine Herrlichkeit ehren
alle allwissenden Gottwesen,
und alle gerechten Engel
ehren seine Treue.
Und sie suchen Bestätigung für ihr Wissen
durch das Urteil aus seinem Munde
und Bestätigung für den Lobpreis, den sie darbringen,
wenn seine Hand Rechenschaft verlangt.
Lobpreist den mächtigen Gott
mit einem Lobopfer vom Fürsten der Engel,
daß ein Lied erklinge in göttlicher Freude
und eine Freudenfeier sei mit allen Heiligen,
daß es wunderbare Lieder gebe
in der Freude der Gottwesen.
Mit diesen sollen lobpreisen
alle Fundamente des Allerheiligsten,
alle Säulen, die das höchste Bauwerk in der Höhe tragen,
und alle Winkel des Gebäudes.
Besingt den Gott, dessen Macht zu fürchten ist,
all ihr Engel, die an Erkenntnis reich
und voll Licht sind,
rühmt gemeinsam das strahlende Firmament,
die allerreinste Reinheit seines Allerheiligsten.
Lobt ihn, ihr göttlichen Engel,
verherrlicht immerdar das Firmament
in der höchsten Höhe,
all seine Balken und Wände, seine Gestalt
und das ganze Bauwerk.

Lobt ihn, ihr Engel des Allerheiligsten,
ihr lebenden Gottwesen,
ihr Engel des hocherhabenen Heiligtums,
und alle heiligen Wesen,
wunderbar an Majestät und Glanz und Wunder.
Und Herrlichkeit ist im Licht der Lichter,
Erkenntnis ist in den wunderbaren Heiligtümern.
Die göttlichen Engel umgeben die Wohnung
des Königs der Treue,
der Barmherzigkeit und der Gerechtigkeit.

Die himmlischen Gruppen sind hierarchisch gestuft, und dieses ist ein Hinweis auf die strenge Ordnung der gesamten Welt überhaupt. Im Gottesdienst fügt sich der Mensch in diese Ordnung ein, und damit entspricht sein Gesang im weitesten Sinne dem »Gesetz«.[97]

4Q 403, i, 2, 18-29

Vom Lehrer. Lobopfer des 8. Sabbats am 23. Tag des 2. Monats

Lobt Gott in allen erhabenen Höhen,
alle heiligen Engel, die unvergänglich sind,
die zweite Ordnung unter den Priestern des inneren Heiligtums,
die zweite Gruppe im wunderbaren Haus unter den sieben,
die ihr mit all denen seid,
die das Ewige erkannt haben.
Und rühmt ihn, ihr Anführer der Fürsten
in seiner wunderbaren Wohnstatt.
Lobt den Gott der Gottwesen, ihr sieben Priesterschaften
seines inneren Heiligtums.
In der Höhe gibt es sieben wunderbare Regionen
nach den Regeln für seine Heiligtümer,
die gelten für die Anführer der Fürsten
der wunderbaren Priesterschaften

und die sieben Priesterschaften
im wunderbaren Heiligtum
in den sieben heiligen Abteilungen.
Der Fürst und die Engel des Königs wohnen
in den wunderbaren Wohnungen,
und die Glieder der sieben Abteilungen
haben wunderbare Erkenntnis und Einsicht.
Sie loben und rühmen und verherrlichen
den König der Herrlichkeit.
Sieben Geheimnisse des Erkennens
sind im wunderbaren Geheimnis,
anvertraut den sieben heiligsten Dienern.
Und die Stimme des höchsten Engelfürsten
wird mächtig werden siebenfach
und sich verbinden mit der Stimme des zweithöchsten,
dessen Stimme kräftig wird, siebenfach
stärker als die des dritthöchsten;
und die Stimme des dritthöchsten wird siebenfach
stärker als die des vierthöchsten,
und die Stimme des vierthöchsten wird siebenmal
lauter werden und sich verbinden mit der des fünfthöchsten,
und dessen Stimme wird siebenmal kräftiger sein
und sich verbinden mit der des sechsthöchsten.

Ein besonderes Merkmal der Sabbatliturgie ist die Rede vom farbigen Glanz in der himmlischen Welt.[98]

4 Q 405, 14–15

Wunderbar ist die Gestalt der heiligsten Engel,
und von der Gestalt der Gottwesen kommt
ein Ruf des Lobpreises
für den König der Lobpreisenden.
Und ihr wunderbares Rühmen gilt dem Gott der Gottwesen,
vielfarbig ist ihr Glanz,
und sie jubeln.
Und die Gestalten der lebenden Gottwesen
sind abgebildet in den Vorhallen,
in die der König eintritt,
Gestalten von Engeln voll Licht,
Gestalten des herrlichen Lichts,
wunderbare Engel.
Mitten unter den glanzvollen Engeln
ist ein Werk in wunderbaren Farben:
Gestalten der lebendigen Gottwesen
in der herrlichen Wohnstatt Gottes.

Auch in diesem Psalm sind die himmlischen Farben wichtig. Wie in antiken Tem-
peln, so gibt es auch im himmlischen Heiligtum künstlerische Darstellungen an den
Mauern. Die leibhaftige Wirklichkeit der Engelwesen und ihre bloße Darstellung
gehen kaum trennbar ineinander über. Die Reinigung wird mit Salz vollzogen, da
dieses im antiken Alltag als Konservierungsmittel gebraucht wurde und damit auch
für »ewiges Leben« steht.[99]

4 Q 405, 19 ABCD

Die Gestalten der Gottwesen sollen ihn loben,
so auch die hochherzigen Engel der Herrlichkeit.
Loben sollen ihn der Fußboden der wunderbaren inneren Kammern
und die Engel der ewigen Gottwesen.
Alle Gestalten der innersten Kammer im Haus des Königs
und die engelgleichen Werke des wunderbaren Firmaments
werden gereinigt mit Salz.
Die allwissenden Engel,
Treue, Barmherzigkeit und Gerechtigkeit im Allerheiligsten,
Gestalten der lebendigen Gottwesen,
Gestalten der leuchtenden Engel –
all ihre Werke sind wunderbar verbunden,
Engel in vielen Farben,
Abbildungen der Gottwesen,
eingeritzt im Rund der herrlichen Ziegelsteinmauern,
herrliche Gestalten auf Ziegelsteinen,
Glanz und Majestät.
All ihre Bilder sind lebende Gottwesen,
und ihre Abbildungen sind heilige Engel.
Aus den wunderbaren inneren Kammern
kommt ein Ton des tiefsten Schweigens.

Gottes Äußerungen sind entweder tiefes Schweigen, wie im voranstehenden Text, oder doch eine leise Stimme (»Geflüster«). Der Thronwagen ist aus Ezechiel 1 entlehnt. Gott thront auf einem Wagen, weil dieser beweglich ist, und so kann Gott überall hingelangen.[100]

4 Q   405, 20, 2, 21–22

Vom Lehrer. Liedopfer für den 12. Sabbat am 21. Tag des 3. Monats

Lobt den Gott der Wunder
und verherrlicht ihn;
seine Wohnstatt ist im Zelt des allwissenden Gottes.
Die Cherubim fallen vor ihm nieder
und lobpreisen ihn.
Wenn sie aufstehen, flüstert Gott
mit leiser Stimme,
und im lauten Lobpreis antworten sie.
Wenn sie ihre Flügel senken,
flüstert Gott mit leiser Stimme.
Die Cherubim lobpreisen die Gestalt des Thronwagens
über dem Firmament,
und sie loben die Hoheit des leuchtenden Firmaments
unter dem Thron seiner Herrlichkeit.
Wenn sich die Wagenräder nähern,
kommen und gehen die hochheiligen Engel.
Über ihnen erscheinen die Ströme von Feuer
wie leuchtendes Messing
und ein Strahlen in vielfarbiger Herrlichkeit,
aus wunderbar reinen Farbtönen gemischt.
Die Engel der lebenden Gottwesen bewegen sich unablässig
neben dem Glanz des wunderbaren Wagens.
Geflüsterter Lobpreis wechselt
mit lautstarken Lobpreisungen, wenn sie vorrücken,
und sie lobpreisen den Heiligen, wenn sie umkehren.
Wenn sie aufsteigen, tönt es wunderbar,
und wenn sie innehalten, sind sie still.
Der Ton des jubelnden Lobes wird zu Schweigen,
und das Lob der Gottwesen wird zu Flüstern
in allen Regionen Gottes.
Und alle lobpreisen, wie sie abgezählt sind,
jeder, wenn er an der Reihe ist.

*Auch die Pforten des himmlischen Heiligtums sind als belebt gedacht. Ansätze zu
dieser Auffassung finden sich auch im Alten Testament.*[101]

4Q 405,23 i

Die Gottwesen loben Gott, wenn sie sich erheben,
und alle Engel der reinen Firmamente
jubeln in seiner Herrlichkeit.
Und Lobpreis erklingt
aus allen Regionen
und erzählt von seinen herrlichen Firmamenten,
und die Pforten des Hauses Gottes lobpreisen mit einem Lied.
Wenn die allwissenden Götter eintreten
in die Pforten der Herrlichkeit
und wenn die heiligen Engel hinausgehen in ihre Bereiche,
dann zeugen die Pforten am Eingang und am Ausgang
von der Herrlichkeit des Königs.
Sie loben und preisen alle Engel Gottes
bei ihrem Ausgang und Eingang durch die heiligen Pforten.
Keiner von ihnen hat
auch nur ein Gesetz übertreten,
wenn er kommt,
und gegen die Gebote des Königs
verstoßen sie niemals.
Sie weichen nicht ab vom Weg
und entfernen sich nicht aus seinem Gebiet.
Für seine Aufträge sind sie
weder zu hoch noch zu niedrig.
Gewiß wird er Erbarmen zeigen,
auch wenn Zorn und vernichtende Wut walten.
Er wird nicht richten,
auch wenn sein Zorn großmächtig ist.
Wer den König der Gottwesen fürchtet,
fürchtet alle Gottwesen.
Er sandte sie aus, ihre Aufgaben zu erfüllen
nach seinem Befehl.

Besonders in diesem Lied werden die farbigen Muster der Engel betont, es wird sogar eine Farbe angegeben (»Scharlach«), sie steht im Kontrast zum weißen Licht Gottes selbst.[102]

4Q 405, 23, 2, 7–13

An ihren wunderbaren Stätten sind Engel,
vielfarbig wie das Werk eines Webers,
mit herrlichen Mustern.
Mitten in einer Erscheinung in herrlichem Rot,
der Farbe des heiligsten Lichtes der Engel,
stehen sie fest in heiliger Ordnung vor dem König,
Engel in reinen Farben
mitten in der Erscheinung weißen Lichts.
Und die Gestalt des Engels der Herrlichkeit
ist wie ein Kunstwerk von strahlendem Feingold.
All ihre klaren Muster sind gemischt
wie das Werk eines Webers.
Sie sind die Fürsten derer, die zum Gottesdienst
wunderbar gekleidet sind,
die Fürsten des Königreiches;
sie sind das Königreich der Heiligen
des heiligen Königs
in all den hohen Heiligtümern
seines herrlichen Königreiches.
Die Fürsten, die den Opferdienst vollziehen,
haben Sprachen der Erkenntnis,
und sie lobpreisen den Gott des Erkennens
für all seine herrlichen Werke.

Anmerkungen

1 Hebr. Text: DJD 5,54.
2 Hebr. Text: DJD 5. S. 64f.
3 Hebr. Text: DJD 5, 70f.
4 1 QSb 5,23b–29. Hebr. Text nach E. Lohse, Texte, 54f.
5 1 QS 2,2–4. – Hebr. Text nach E. Lohse, Texte, 6.
6 1 QSb 3,25–28. – Hebr. Text nach Lohse, Texte, 54–56.
7 11 Q Ber. Übersetzung nach A. S. v. d. Woude, in: Bibel und Qumran, FS H. Bardtke, 1968, 253–258.
8 1 QSb 1,3b–3,7. – Hebr. Text nach Lohse, Texte, 54–56.
9 1 QSb 4,1–28. – Hebr. Text nach Lohse, Texte, 56–58.
10 4 Q 511,35. Hebr. Text nach DJD 7,237.
11 4 Q 511,48/49/51. – Hebr. Text nach DJD 7,243f.
12 1 QH 1,5–39. – Hebr. Text nach Lohse, Texte, 112–114.
13 1 QH 6,11–36. – Hebr. Text nach Lohse, Texte, 134–136.
14 1 QH 10,1–39. – Hebr. Text nach Lohse, Texte, 152–156.
15 1 QH 11,1–38. – Hebr. Text nach Lohse, Texte, 152–156.
16 4 Q 511, 52/54/58/59; 55/57. – Hebr. Text nach DJD 7,245.
17 1 QH 12,3–36. – Hebr. Text nach Lohse, Texte, 156–160.
18 4 Q 511,2 Kol. 2. – Hebr. Text nach DJD 7,222.
19 1 QH 13,1–21. – Hebr. Text nach Lohse, Texte, 160–162.
20 4 Q 504,1–2 Kol. 7. – Hebr. Text nach DJD 7,150.
21 1 QH 14,1–28. – Hebr. Text nach Lohse, Texte, 162–164.
22 11 Q Ps b Fragment f (Revue Biblique 74,1967,412).
23 1 QH 15,10–25. – Hebr. Text nach Lohse, Texte, 164–166.
24 1 QH 16,2–19. – Hebr. Text nach Lohse, Texte, 168–170.
25 1 QH 17,15–28. – Hebr. Text nach Lohse, Texte, 170–172.
26 1 QH 18,1–32. – Hebr. Text nach Lohse, Texte, 172–174.
27 4 Q 511,10. – Hebr. Text nach DJD 7,216f.
28 4 Q 511,1. – Hebr. Text nach DJD 7,220.
29 4 Q 511. – Hebr. Text nach DJD 7,221.
30 4 Q 511,63 Kol. 3. – Hebr. Text nach DJD 7,249.
31 4 Q 511,30. – Hebr. Text nach DJD 7,236.
32 1 Q 34 bis 3,2. – Hebr. Text nach DJD 1,154.
33 4 Q 504,1–2 Kol. 6. – Hebr. Text nach DJD 7,147f.
34 4 Q 504,1–2 Kol. 5 – Hebr. Text nach DJD 7,145f.
35 4 Q 504,1–2 Kol. 3. – Hebr. Text nach DJD 7,142.
36 4 Q 504,1–2 Kol. 4. – Hebr. Text nach DJD 7,144f.
37 4 Q 381,1. – Hebr. Text nach Schuller, 75f.
38 Vgl. zu diesem Text: Revue de Qumran 13 (1988) 59ff.
39 4 Q 427,7,1–2. – Hebr. Text nach Schuller (1993).
40 4 Q 434.436, Fragment 2. – Hebr. Text nach Wise-E., 233–241.
41 1 QH 23,13–16 nach Revue de Qumran 13 (1988) 59ff.
42 4 Q 416.418. – Hebr. Text nach Wise-E., 241–255.
43 4 Q 511,63–64, Kol. 2. – Hebr. Text nach DJD 7,247.

44 4 Q 286/287, Fragment 2. – Hebr. Text nach Wise-E., 222–230. – Es folgt Fragment 3.

45 4 Q 286/87, Fragment 1. – Hebr. Text nach Wise-E., 220–230.

46 1 QH 7,6–25. – Hebr. Text nach Lohse, Texte, 138–140.

47 4 Q 501. – Hebr. Text nach DJD 7,79 f.

48 4 Q 504,1–2, Kol. 2. – Hebr. Text nach DJD 7,139.

49 4 Q 507,1. – Hebr. Text nach DJD 7,176.

50 11 Q Ps^a Zion. – Hebr. Text nach DJD 4,86 f.

51 4 Q 504,8. – Hebr. Text nach DJD 7,162 f.

52 11 Q Ps^a Plea. – Hebr. Text nach DJD 5,76–79. Vgl. zu einem zweiten Exemplar: Revue Biblique 74 (1967) 409 f.

53 4 Q 506,131–132 = 504,4. – Hebr. Text nach DJD 7,172 f. 155.

54 4 Q 504,6. – Hebr. Text nach DJD 7,159.

55 4 Q 508,39. – Hebr. Text nach DJD 7,183 f.

56 1 QH 9,1–39. – Hebr. Text nach Lohse, Texte, 146–148.

57 4 Q 509,12.13. – Hebr. Text nach DJD 7,190.

58 4 Q 434.436. – Hebr. Text nach Wise-E., 233–241.

59 4 Q 372. – Hebr. Text nach Revue de Qumran 14 (1985).

60 4 Q 381,24. – Hebr. Text nach Schuller, 115.

61 4 Q 381,15. – Hebr. Text nach Schuller, 96 f.

62 4 Q 381,33. – Hebr. Text nach Schuller, 146.

63 4 Q 381,45. – Hebr. Text nach Schuller, 172 f.

64 4 Q 381,46. – Hebr. Text nach Schuller, 178 f.

65 4 Q 381,69. – Hebr. Text nach Schuller, 203.

66 4 Q 381,76–77. – Hebr. Text nach Schuller, 218.

67 4 Q 380,1. – Hebr. Text nach Schuller, 251.

68 1 QM 11,1–12,18. – Hebr. Text nach Lohse, Texte, 204–208.

69 4 Q 381,31. – Hebr. Text nach Schuller, 134 f.

70 1 QM 14,4 b–18. – Hebr. Text nach Lohse, Texte, 212–214.

71 4 Q 381,29. – Hebr. Text nach Schuller, 127.

72 1 QM 18,6 b–14. – Hebr. Text nach Lohse, Texte, 220–222.

73 1 QH 2,1–39. – Hebr. Text nach Lohse, Texte, 116–118.

74 1 QH 3,19–36. – Hebr. Text nach Lohse, Texte, 120–124.

75 1 QH 3,37–4,40. – Hebr. Text nach Lohse, Texte, 124–128.

76 1 QH 7,1–5. – Hebr. Text nach Lohse, Texte, 138.

77 1 QH 5,20–6,10. – Hebr. Text nach Lohse, Texte, 130–135.

78 1 QH 5,1–19. – Hebr. Text nach Lohse, Texte, 128–130.

79 1 QH 7,26–35. – Hebr. Text nach Lohse, Texte, 140.

80 4 Q 511,23. – Hebr. Text nach DJD 7,235.

81 1 QH 8,1–39. – Hebr. Text nach Lohse, Texte, 142–144.

82 4 Q 511,18, Kol. 2. – Hebr. Text nach DJD 7,231.

83 4 Q 509,3. – Hebr. Text nach DJD 7,186.

84 1 QH 3,1–8. – Hebr. Text nach Lohse, Texte, 120.

85 4 Q 179. – Hebr. Text nach DJD 5,75–77.

86 4 Q 503,7–9, Kol. 4 – Hebr. Text nach DJD 7,00.

87 4 Q 503,1–6, Kol. 3. – Hebr. Text nach DJD 7,00.

88 4 Q 503,24–25. – Hebr. Text nach DJD 7,112.

89 4 Q 503,51–53. – Hebr. Text nach DJD 7,00.

90 1 Q 34 bis 3,1 = 4 Q 508,1. – Hebr. Text nach DJD 1,153.

91 4 Q 400,1. – Hebr. Text nach C. Newsom.

92 4 Q 400,2. – Hebr. Text nach C. Newsom.

93 4 Q 402,4. – Hebr. Text nach C. Newsom.

94 4 Q 403,1,i,1–29, daraus 28. – Hebr. Text nach C. Newsom.

95 11 Q 5–6 (nach der engl. Übersetzung von G. Vermes).

96 4 Q 403,i,36–40. – Hebr. Text nach C. Newsom.

97 4 Q 403,i,2,18–29. – Hebr. Text nach C. Newsom.

98 4 Q 405,14–15. – Hebr. Text nach C. Newsom.

99 4 Q 405,19 ABCD. – Hebr. Text nach C. Newsom.

100 4 Q 405,20,2,21–22. – Hebr. Text nach C. Newsom.

101 4 Q 405,23i. – Hebr. Text nach C. Newsom.

102 4 Q 405,23,2,7–13. – Hebr. Text nach C. Newsom.

Abkürzung: DJD = Discoveries in the Judean Desert (Edition der Qumrantexte bei der Clarendon Press Oxford) (ab 1956)

Hinweise zu Textausgaben

Allegro, J. M. / Anderson, A. A.: Qumran cave 4 I (4 Q 158–4 Q 186) (= DJD 5), 1968.
Baillet, M.: Qumran Grotte 4 III (4 Q 482–4 Q 520) (= DJD 7), 1982.
Eisenman, R. / Wise, M.: The dead sea scrolls uncovered, 1992.
Lohse, E.: Die Texte aus Qumran hebräisch und deutsch, München 1964.
Newsom, C.: Songs of the sabbath sacrifice: A critical edition (Harvard Semitic Studies 27), 1985.
van der Ploeg, J.: Fragments d'un manuscrit de psaumes de Qumran (11 Q Ps b), in: Revue Biblique 74 (1967) 408–413.
ders.: Un petit Rouleau de psaumes apocryphes, in: FS K. G. Kuhn, 1971, 128–139.
Puech, E.: Un hymne essénien en partie retrouvé et les béatitudes, in: Revue de Qumran 13 (1988), 59–88.
Sanders, J. A.: The psalms scroll of Qumran cave 11 (= DJD 4), 1965.
Schuller, E.: 4 Q 372: A text about Joseph, in: Revue de Qumran 14 (1989), 349–376.
dies.: Non-canonical psalms from Qumran. A pseudepigraphic collection (4 Q 380–381), 1986.
dies.: A hymn from cave four. Hodayot manuscript: 4 Q 427,7 i + ii, in: JBL 112/4 (1993) 605–628.
v. d. Woude, A. S.: Ein neuer Segenspruch aus Qumran (11 Q Ber), in: Bibel und Qumran, FS H. Bardtke, 1968, 252–258.

Zur wissenschaftlichen Einführung vgl. auch den Aufsatz von *J. Maier:* Zu Kult und Liturgie der Qumrangemeinde, in: Revue de Qumran 14 (1990), 543–586.